JN050321

筑波大学 特別支援教育 教材・指導法データベース選集 1

授業を豊かにする

筑波大附属特別支援学校の

教材知恵袋

教科編

筑波大学特別支援教育連携推進グループ　編著

ジアース教育新社

刊行のご挨拶

左藤 敦子（筑波大学 人間系）
四日市 章（筑波大学 名誉教授）

インクルーシブ教育の展開とともに、さまざまな教育の場で学ぶ、多様なニーズのある子どもたちの存在が注目され、その指導の根幹となる、有効な教材や指導法へのニーズが高まってきています。筑波大学特別支援教育連携推進グループでは、本グループと、特別支援教育の教育・指導について豊かな経験をもつ筑波大学の附属特別支援学校５校が、連携・協力して作成した教材・指導法のデータベースを公開しています。本書は、このデータベースの紹介やコメント等をとおして、各附属特別支援学校の永年の教育実践を土台にした指導法の一端を多くの方々に活用していただき、子どもにとってより学びやすい学習が広く実現していくことを願って作成されたものです。

本書の基になった「筑波大学 特別支援教育 教材・指導法データベース」は、平成24年度に、当時の筑波大学特別支援教育研究センターで企画され、附属特別支援学校５校の連携委員会との協働によって作成されています。各校の子どもたちの指導で有効性が確認されている多様な教材について、障害種や発達段階を越えた利用の有効性や可能性などをも検討しながら、一つ一つの教材がデータベースの中に蓄積されてきました。また、データベース作成に際しては、指導での子どもの捉え方や教材の使い方によって、教材の効果も異なってくること、あるいは、指導経験が浅い場合にも、指導の実際ができるだけ分かるようにすることなどから、教材の紹介のみに終わるのではなく、教材を軸にした、効果的な指導の方法、すなわち、指導のねらい、学習・指導ニーズへの配慮、指導効果への視点を含んだ内容が重要であることも確認されました。さらに、グローバルな時代の中で、外国の障害児などにも活用してもらえるよう、英語版の作成も進められてきています。

本書では、教科ごとに整理した教材や、基本的な学習ツールとして有効な教材も紹介し、教師や学習者それぞれのニーズに対応した活用を想定しています。どの教材も、完成し固定化されたものとして捉えるのではなく、これを基に、それぞれの指導現場で、個々の子どものより深い理解を目指してさらに創意工夫され、よりよい教材・指導法として発展していくことが期待されます。

本書を契機として、特別支援教育連携推進グループのデータベースを実際にご活用いただき、さらに、各附属特別支援学校での指導実践をご覧いただくなどしていただいて、これらの教材がさらに改善され、実践的な指導のための共通財産として発展していくことを期待しております。

2020（令和２）年３月吉日

目 次

刊行のご挨拶 …… 3
学習に取り組む前の環境づくり　～その大切さについて～ …… 8
本書の使い方 …… 10

教科準備

①市販の筆記用具を持ちやすくする …… 14
「えんぴつモッテモテ」
②前かがみの姿勢から生じる疲労の軽減により、学習効率が上がる …… 16
「書見台」
③学習時の姿勢が安定し、学習動作がしやすくなる学習机 …… 18
「カットアウトテーブル」
④２語文で動作を表す言葉を話すことができる …… 20
「動作語絵カード」

コラム１　筑波大学 特別支援教育 教材・指導法データベースについて …… 22

国 語

①先生とやり取りしながら、単語を作って読む …… 26
「とんとんとんブック」
②行事で心に響いたことを、わかりやすく書くことができる …… 28
「行事の感想文メモ」
③話し合いながら、話すことや書くことの材料を整理できる …… 30
「情報整理のためのマグネットシート＆ふせん」
④学習した事柄や言葉の復習のための家庭学習プリント …… 32
「虫食いプリント」
⑤動物の模型を使ってやり取りしながら、単語を組み合わせて文を作ることができる …… 34
「動物園で遊びながらお話ししよう」

コラム２　教材活用の視点 …… 36

算数・数学

①手で確かめながら、作図や角度の測定ができる…… 40
「定規セット（三角定規一組、分度器、分まわし（コンパス）の４点セット）」
②円をきれいに描くことができる…… 42
「くるんパス」
③図形やグラフの線を、きれいにかくことができる…… 44
「まほうのしたじき」
④自分で主体的に手を動かし形を作ることで、図形への興味、関心、理解が深まる…… 46
「アクリル棒」
⑤自分で組み立てたり、分解したりして、立体の構成（面の形や数、展開図）について理解することができる…… 48
「マジキャップ」
⑥筆算を書く位置が一目でわかり、位取りの間違いも減る…… 50
「筆算シート（『ひっさつ　ひっさん　シート』）」

コラム３　教科における学習上の困難と学びやすさ…… 52

理　科

①自分自身では見えない・見えにくい色の違いや変化、模様、物の動く様子について自分で観察できる…… 56
「感光器」
②あたためられた水の動きについて理解し、疑問にこたえられる…… 58
「網付きカップ」
③呼吸の際の肺容積の変化を理解することができる…… 60
「呼吸運動模型（正常時・気胸時）」

コラム４　みえにくさにおける学習困難と学びやすさ…… 62

社 会

①地図の読み取りが上手になる……………………………………………………… 66
「透明地図シート」
②地形表現を見やすくして、地図活用能力を育てる……………………………… 68
「地形図読み取りカード」
③実物をイメージし、人々の思いを考えやすくする……………………………… 70
「大仏の手」
④学習の過程が視覚的に確認できる………………………………………………… 72
「ルールについての学習のためのアイテムカード」

コラム５　聞こえにくさにおける学習困難と学びやすさ………………………… 74

英 語

①書き始めがわかる、自分で書ける………………………………………………… 78
「４本線ワークシート」
②見るべき、読むべきところがわかる……………………………………………… 80
「プレゼンテーションソフトの活用」
③楽しみながら英単語を覚えることができる …………………………………… 82
「英単語学習トランプ」

コラム６　理解しにくさのある子どもの学習困難と手だて ……………………… 84

体 育

①何度も同じ打点で風船打ちの練習ができる …………………………………… 88
「風船打ち練習機」
②繰り返し練習することにより、自然に技術が身につく………………………… 90
「ジャベリックスロー練習紐」
③投げる動作を身につける…………………………………………………………… 92
「キャップバッグ」
④ゴールの位置を見て、攻める方向を捉えやすくすることができる…………… 94
「ブルーシート貼付ゴール」

コラム7　動きにくさのある子どもの学習困難と手だて …… 96

音楽

①歌詞の内容を理解しながら、楽しく歌を聴くことができる …… 100
「『おばけなんてないさ』を聴こう、表現しよう」
②五線譜は読めなくても鍵盤楽器が弾ける …… 102
「有音程打楽器、キーボードを演奏するための簡易楽譜」
③めくることで歌あそびに参加ができる …… 104
「歌紙芝居」
④リコーダーの穴（音孔）をふさぎやすくして演奏できる …… 106
「リコーダー補助用クッション」

コラム8　理解のしにくさ・見通しのもちにくさのある子どもの学習困難と手だて…108
(発達障害のある子どもたちへの支援を中心に)

図工・美術、技術・家庭

①筆洗器をもとに水彩絵の具の扱い方を定着させる …… 112
「並列透明筆洗いバケツ」
②作品を固定してヤスリがけが容易にできる …… 114
「ヤスリがけ固定台」
③布端に折り目をつけることができる …… 116
「クリップ型 アイロン」
④ミシンを自在に使い、始めから最後まで自分で縫える …… 118
「ミシンのガイド」

終わりに …… 121
執筆者一覧

学習に取り組む前の環境づくり
～その大切さについて～

1　はじめに

毎日の授業が楽しくなるには、学習内容が「わかる」「できる」という実感をもてることが大切です。そのためには、適切な指導目標と指導内容を設定することが大切です。また、子どもが学習を円滑に進めるための環境を整えることも、忘れてはいけません。身の回りにあるものが扱いにくいために、勉強することに負担感を感じる、あるいは、勉強にむかう気持ちが高まらないというのは非常にもったいないことです。

2　身近な教材・教具について考える

教科・科目に取り組むための環境づくりに寄与するものの一つとして、教材・教具があります。特別に作成するものもあれば、どこにでもあるものをちょっと工夫するだけのものもあります。例えば、えんぴつや消しゴムなど、毎日使う身近な文房具であっても、障害による手や腕のまひやけがなどによって、使いやすいものや使いにくいものがあります。

しかし、使う視点を変えてみる・工夫してみることで、身近なものがとても便利な教材・教具になります。

例えば、消しゴムであれば、お店で販売されているものをみると、たくさんの種類があり、大きさや長さ、太さ、形はそれぞれに異なります。これは用途によって工夫されていることが多いと思いますが、使う人の状態に合わせてみるという視点で考えると、使い方の幅が広がります。

有効な手にまひがあるために事物を握るのが難しいならば、手のひらにちょうど収まるくらいの大きさを選ぶことで、ずいぶんと楽に文字を消すことができます。また、消しゴムの先が丸くなるときれいに消すことができない子もいますが、使い続けても次々と角が出てくるものもあります。手の小さな子どもであれば、しっかりと握ることができる大きさや太さの消しゴムを選ぶことが大切です。

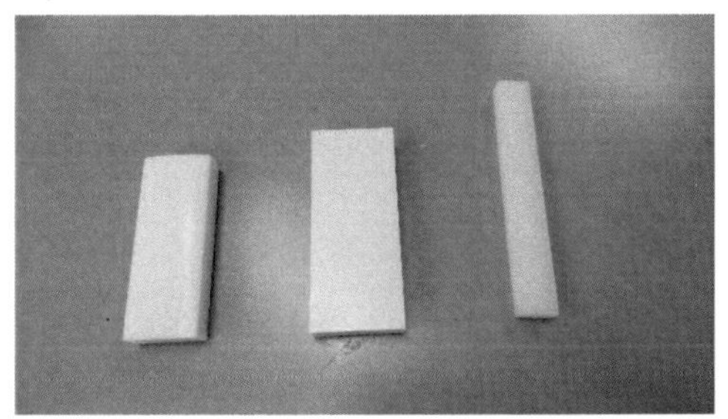
大きさが異なる消しゴム

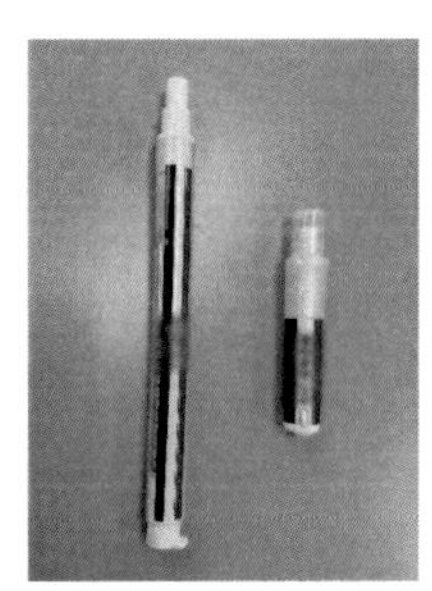
しっかり握ることができる
ペン型の消しゴム

カドがたくさんある消しゴム
コクヨ　カドケシプチ

本書で紹介する教材のなかにも、身近なものを工夫したり、身近な材料で作成できるものが多数があります。本書の教材をヒントに、子ども一人一人の学びやすさについて創意工夫を重ねてみてください。

（加藤 隆芳）

本書の使い方

【教　材】

本書は、小学校から高等学校における各教科・科目の授業で活用しやすい教材や授業の環境を整えるための教材で構成されています。これらは、筑波大学附属特別支援学校５校において活用されてきた教材であり、視覚障害、聴覚障害、知的障害、発達障害、肢体不自由等の各分野の授業で幼児児童生徒への学びを豊かにするものですが、他の障害種、あるいは、障害はなくとも学習に難しさがあるお子さんの学びにも有効と考えられます。また、各障害種に関する専門的な用語をなるべく分かりやすく記すことで、様々な学校種の先生方に読みやすくなるように工夫しています。

見開き２ページには、①教材がどのような目的や場面で用いられるのか、②教材の特徴、③用意する物・材料、準備など、④使用方法や応用的な使い方などを示しています。

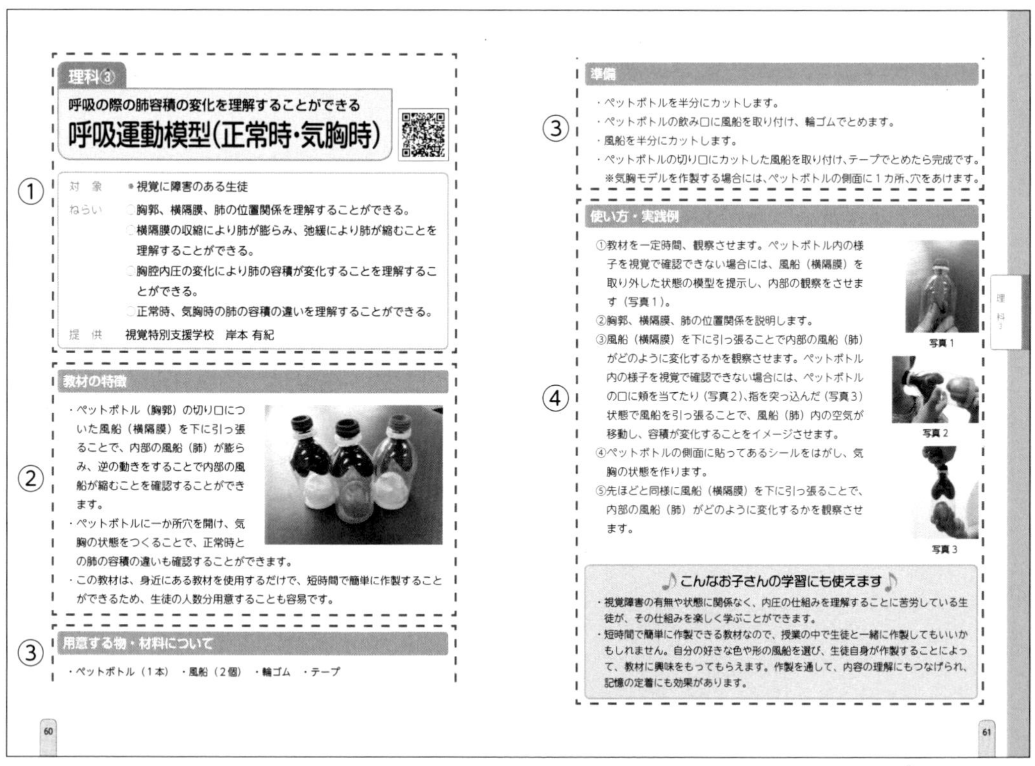

理科③

呼吸の際の肺容積の変化を理解することができる

呼吸運動模型(正常時・気胸時)

①

対　象　・視覚に障害のある生徒

ねらい
- 胸郭、横隔膜、肺の位置関係を理解することができる。
- 横隔膜の収縮により肺が膨らみ、弛緩により肺が縮むことを理解することができる。
- 胸腔内圧の変化により肺の容積が変化することを理解することができる。
- 正常時、気胸時の肺の容積の違いを理解することができる。

提　供　視覚特別支援学校　岸本 有紀

②

教材の特徴

・ペットボトル（胸郭）の切り口についた風船（横隔膜）を下に引っ張ることで、内部の風船（肺）が膨らみ、逆の動きをすることで内部の風船が縮むことを確認することができます。
・ペットボトルに一か所穴を開け、気胸の状態をつくることで、正常時との肺の容積の違いも確認することができます。
・この教材は、身近にある教材を使用するだけで、短時間で簡単に作製することができるため、生徒の人数分用意することも容易です。

③

用意する物・材料について

・ペットボトル（１本）　・風船（２個）　・輪ゴム　・テープ

60

③

準備

・ペットボトルを半分にカットします。
・ペットボトルの飲み口に風船を取り付け、輪ゴムでとめます。
・風船を半分にカットします。
・ペットボトルの切り口にカットした風船を取り付け、テープでとめたら完成です。
※気胸モデルを作製する場合には、ペットボトルの側面に１カ所、穴をあけます。

④

使い方・実践例

①教材を一定時間、観察させます。ペットボトル内の様子を視覚で確認できない場合には、風船（横隔膜）を取り外した状態の模型を提示し、内部の観察をさせます（写真１）。
②胸郭、横隔膜、肺の位置関係を説明します。
③風船（横隔膜）を下に引っ張ることで内部の風船（肺）がどのように変化するかを観察させます。ペットボトル内の様子を視覚で確認できない場合には、ペットボトルの口に頬を当てたり（写真２）、指を突っ込んだ（写真３）状態で風船を引っ張ることで、風船（肺）内の空気が移動し、容積が変化することをイメージさせます。
④ペットボトルの側面に貼ってあるシールをはがし、気胸の状態を作ります。
⑤先ほどと同様に風船（横隔膜）を下に引っ張ることで、内部の風船（肺）がどのように変化するかを観察させます。

写真１

写真２

写真３

♪こんなお子さんの学習にも使えます♪

・視覚障害の有無や状態に関係なく、内圧の仕組みを理解することに苦労している生徒が、その仕組みを楽しく学ぶことができます。
・短時間で簡単に作製できる教材なので、授業の中で生徒と一緒に作製してもいいかもしれません。自分の好きな色や形の風船を選び、生徒自身が作製することによって、教材に興味をもってもらえます。作製を通して、内容の理解にもつなげられ、記憶の定着にも効果があります。

61

なお、今回紹介している教材は筑波大学 特別支援教育教材・指導法データベース（http://www.human.tsukuba.ac.jp/snerc/kdb/index.html）において公開しています。右の QR コードからスマートフォンでもご覧になることができます。

筑波DB

【コラム】

障害があることでどのような学習への難しさがあるのか、あるいは、障害はなくとも学習に難しさがあるお子さんはどのような困りを抱えているのかについて、学習における困りの状態をベースに説明をしています。また、教材をどのような視点で用いることが大切なのかについても紹介します。

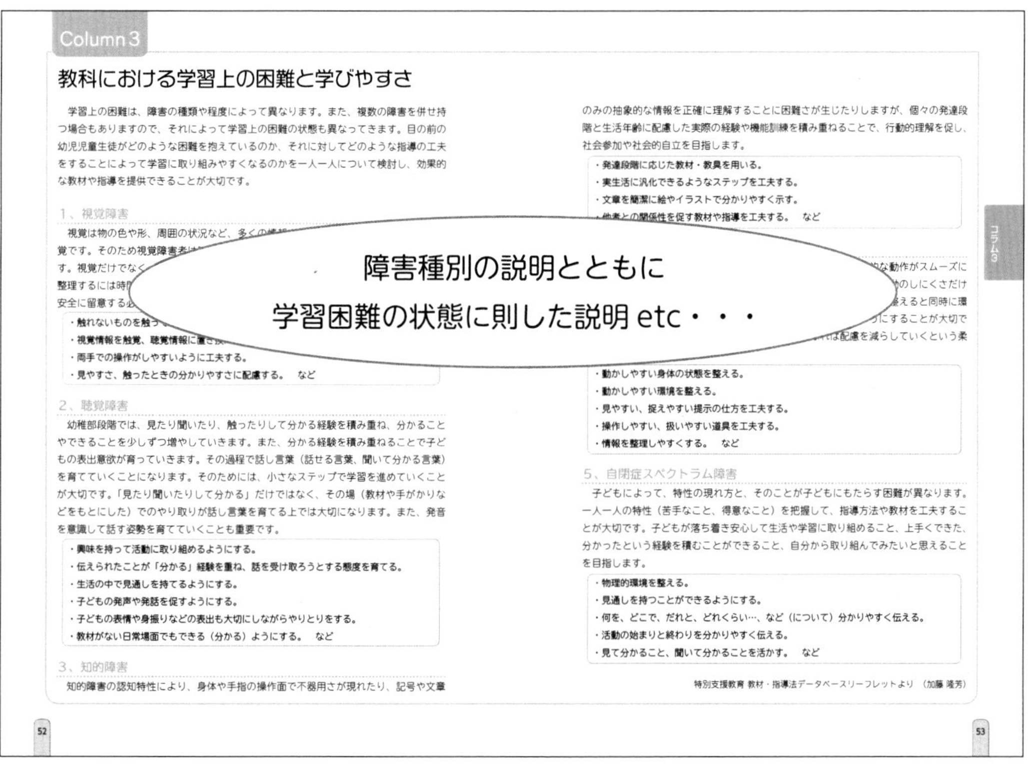

Column 3

教科における学習上の困難と学びやすさ

学習上の困難は、障害の種類や程度によって異なります。また、複数の障害を併せ持つ場合もありますので、それによって学習上の困難の状態も異なってきます。目の前の幼児児童生徒がどのような困難を抱えているのか、それに対してどのような指導の工夫をすることによって学習に取り組みやすくなるのかを一人一人について検討し、効果的な教材や指導を提供できることが大切です。

1、視覚障害

視覚は物の色や形、周囲の状況など、多くの情報…
覚です。そのため視覚障害者は…
す。視覚だけでなく…
整理するには時…
安全に留意する必…

- 触れないものを触っ…
- 視覚情報を触覚、聴覚情報に置き換…
- 両手での操作がしやすいように工夫する。
- 見やすさ、触ったときの分かりやすさに配慮する。　など

2、聴覚障害

幼稚部段階では、見たり聞いたり、触ったりして分かる経験を積み重ね、分かることやできることを少しずつ増やしていきます。また、分かる経験を積み重ねることで子どもの表出意欲が育っていきます。その過程で話し言葉（話せる言葉、聞いて分かる言葉）を育てていくことになります。そのためには、小さなステップで学習を進めていくことが大切です。「見たり聞いたりして分かる」だけではなく、その場（教材や手がかりなどをもとにした）でのやり取りが話し言葉を育てる上では大切になります。また、発音を意識して話す姿勢を育てていくことも重要です。

- 興味を持って活動に取り組めるようにする。
- 伝えられたことが「分かる」経験を重ね、話を受け取ろうとする態度を育てる。
- 生活の中で見通しを持てるようにする。
- 子どもの発声や発話を促すようにする。
- 子どもの表情や身振りなどの表出も大切にしながらやりとりをする。
- 教材がない日常場面でもできる（分かる）ようにする。　など

3、知的障害

知的障害の認知特性により、身体や手指の操作面で不器用さが現れたり、記号や文章のみの抽象的な情報を正確に理解することに困難さが生じたりしますが、個々の発達段階と生活年齢に配慮した実際の経験や機能訓練を積み重ねることで、行動的理解を促し、社会参加や社会的自立を目指します。

- 発達段階に応じた教材・教具を用いる。
- 実生活に汎化できるようなステップを工夫する。
- 文章を簡潔に絵やイラストで分かりやすく示す。
- 他者との関係性を促す教材や指導を工夫する。　など

…的な動作がスムーズに
…動のしにくさだけ
…整えると同時に環
…うにすることが大切で
…れば配慮を減らしていくという柔

- 動かしやすい身体の状態を整える。
- 動かしやすい環境を整える。
- 見やすい、捉えやすい提示の仕方を工夫する。
- 操作しやすい、扱いやすい道具を工夫する。
- 情報を整理しやすくする。　など

5、自閉症スペクトラム障害

子どもによって、特性の現れ方と、そのことが子どもにもたらす困難が異なります。一人一人の特性（苦手なこと、得意なこと）を把握して、指導方法や教材を工夫することが大切です。子どもが落ち着き安心して生活や学習に取り組めること、上手くできた、分かったという経験を積むことができること、自分から取り組んでみたいと思えることを目指します。

- 物理的環境を整える。
- 見通しを持つことができるようにする。
- 何を、どこで、だれと、どれくらい…、など（について）分かりやすく伝える。
- 活動の始まりと終わりを分かりやすく伝える。
- 見て分かること、聞いて分かることを活かす。　など

特別支援教育 教材・指導法データベースリーフレットより　（加藤 隆芳）

コラム3

52　53

教科準備

教科準備①

市販の筆記用具を持ちやすくする

えんぴつモッテモテ

対　象	●鉛筆や筆を持つのが難しい児童生徒 ●市販の鉛筆での書字が難しい児童生徒
ねらい	◎市販の鉛筆や筆などの筆記用具に取り処をつけることで、握りやすくし、書字や描画などをしやすくする。
提　供	桐が丘特別支援学校　鈴木 泉

教材の特徴

・書字、描画動作を安定させる。
・書字、描画による疲労を軽減する。
・好みに合った筆記用具を使用することができる。
・簡単に付け替えができる。

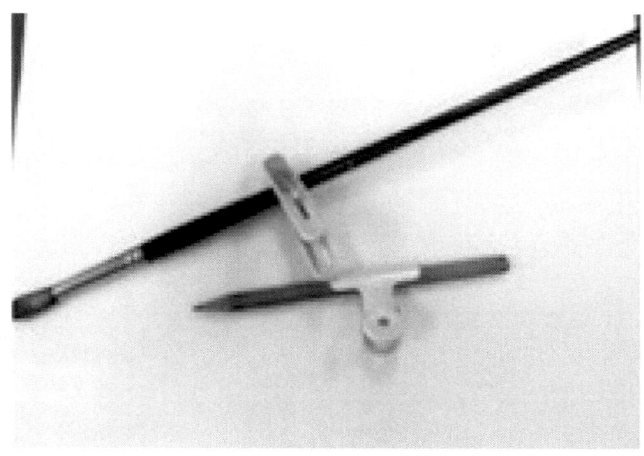

用意する物・材料について

・洗濯ばさみや目玉クリップ
　※使用する児童生徒の手の大きさや形に合うサイズのもの
・補強材（セロファンテープ、ガムテープ、滑り止めなど）

使い方・実践例

①使用する鉛筆や筆に洗濯ばさみや目玉クリップをつけます。
②手の動きや形に合わせて位置を調整します。

③使用するときに動くようであれば滑り止めをかませたり、テープなどで補強します。

♪こんなお子さんの学習にも使えます♪

- 握りしめる力が弱かったり、反対に強かったりする児童生徒の書字などにお勧めです。
- 親指側をノートに押し付けて書字するような児童生徒にもお勧めです。
- 日常的に手を固く握りしめている児童生徒には、手のマッサージをするなどした上で使用すると一層の効果がみられます。

教科準備②

前かがみの姿勢から生じる疲労の軽減により、学習効率が上がる

書見台

対　象	●見えづらさから、対象物と眼との距離（視距離）が近くなる弱視などの児童生徒
ねらい	◎正しい姿勢を維持した読み書き ○前屈みの姿勢から生じる、首筋から肩にかけての疲労感の軽減
提　供	視覚特別支援学校　山口 崇

教材の特徴

・数段階の角度調整が可能です。
・拡大教科書とノートを並べられる大きさになっています。
・眩しさを抑えた黒色を使用しています。
・筆記用具の置き場所が付いています。

用意する物・材料について

・材料（平板、角材、蝶番、掛け金金具、滑り止めシート）
・消耗品（木工ボンド、両面テープ）
・工具（ドライバー、きり）

使い方・実践例

①台面を使いやすい角度に調整します。
②必要に応じて、鉛筆置きケースを外側に出します。
③必要に応じて、クリップで紙を留めます。

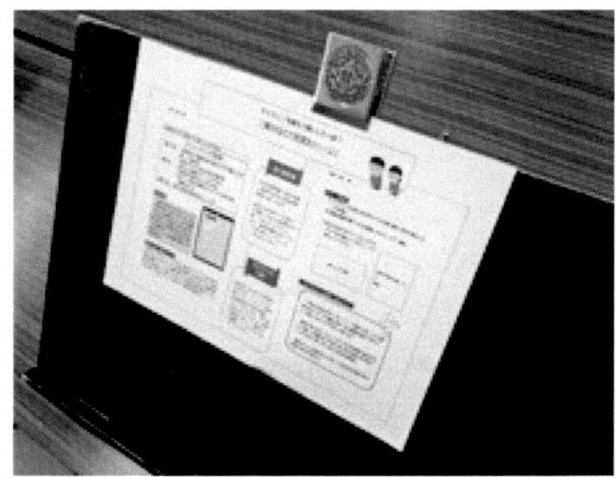

弱視児童生徒の中には、見たい対象物に眼を近づけて、相対的に網膜像を拡大し、見えにくさを補おうとする場合があります。その場合、机上では前屈みとなり、机に寄りかかる姿勢になりがちです。

しかし、角度を調節できる書見台を使うことによって、楽な基本姿勢を保ちながら学習を行うことができます。

また、緑内障など眼圧の高い児童生徒の場合には、長時間、下を向く姿勢は好ましいとはいえず、書見台を有効活用できます。

書見台は、見る・読むだけでなく、書く作業にも適した丈夫さと安定性があることが望ましいです。そのため、比較的厚みのある平板を用い、裏面には滑り止めシートを貼り付けています。また、まぶしさが苦手な児童生徒には、本やノートを置く面を黒色にした書見台を貸し出しています。

♪こんなお子さんの学習にも使えます♪

・見えにくさのあるお子さんだけでなく、上半身の動きに困難があり、適切な視距離や姿勢を維持することが難しい児童生徒にも応用できます。

教科準備③

学習時の姿勢が安定し、学習動作がしやすくなる学習机

カットアウトテーブル

対　象	●学習時に姿勢がくずれやすい児童生徒 ●机の上の物をよく落としてしまう児童生徒
ねらい	◎学習時の姿勢を保ちやすくし、書字や手を使ったりする学習動作をしやすくする。 ○物が落ちにくく、机上の整理がしやすくなる。
提　供	桐が丘特別支援学校　杉林 寛仁

教材の特徴

・机のカット部に上体を入れ、両脇の天板部に肘を置くことで、姿勢の保持や学習動作に難しさがある児童生徒の学習時の姿勢保持を助け、学習をしやすくします。

・姿勢の変形や疲れの予防・軽減にもつながります。

・天板部の周囲に加工があり、教材の落下防止や机上の整理にも効果が期待できます。

・机の横に市販のかごなどを取り付けることで、教科書や学習用具を整理できます。

用意する物・材料について

・市販のカットアウトテーブルもありますが、座位を保持する装置などの作成を行う専門業者では、体の大きさや環境に合わせて天板やカットの大きさを調整して作ることができます。

（業者名：有限会社 あさ工房 など）

使い方・実践例

①各教科の指導や給食の場面に教室などで学習机として使用します。
②カット部に上体を入れ、肘を置く位置や高さを調整します。
※カットが大きすぎると肘が置けず効果が半減することがあります。
③高さ調整機能付きで、成長に合わせて高さを変えられます。
※市販のものは天板やカットの大きさが決まっています。専門業者の場合、天板の大きさやカットの形などを個別に設定できるので便利です。
④特注として、体の変形の進行予防を目的として、カット部に寄木を装着させるなどの工夫も可能です（写真参照）。

※机にしっかり収まることで姿勢が安定し、学習に取り組みやすくなります。

♪こんなお子さんの学習にも使えます♪

・通常の机より広いので、机上の整理が苦手な児童生徒でも机の上で教科書やノート、学習用具の位置を調整しやすくなります。
・座位を補助する椅子などと併せて使用するとさらに効果的です。

教科準備④

2語文で動作を表す言葉を話すことができる
動作語絵カード

対　象	●ひらがなの読み書きはできるが、発話が物の名称などの名詞のみで、動作語（動詞）を含めた２語文を身に付けたい幼児児童生徒 ●日常生活場面でよく使われる言葉や語彙を増やしたい幼児児童生徒
ねらい	◎「○○を（に）○○する」などの動作語を含む２語文を覚える。 ○日常生活場面でのコミュニケーション力を高める。
提　供	桐が丘特別支援学校　夏目 保男 （前・大塚特別支援学校）

教材の特徴

・何をしているのか分かりやすいイラストを使用し、視覚情報を活用して言葉が出やすいように工夫しています。
・動作語（動詞）を小カードにして、マジックテープで着脱ができるように工夫しています。
・カードは、何度も使用できるように、ラミネートしてあります。

用意する物・材料について

・この絵カードで用いたイラストは、言語・学習指導室 葛西ことばのテーブルの市販教材「言語訓練カード第１集名詞・動詞 150 絵カード」「言語訓練カード第２集構文訓練絵カード」を使用しています。

使い方・実践例

①指導者が１枚の絵カードを提示し、該当する動作語小カードを言葉に出して確認しながら貼ります。

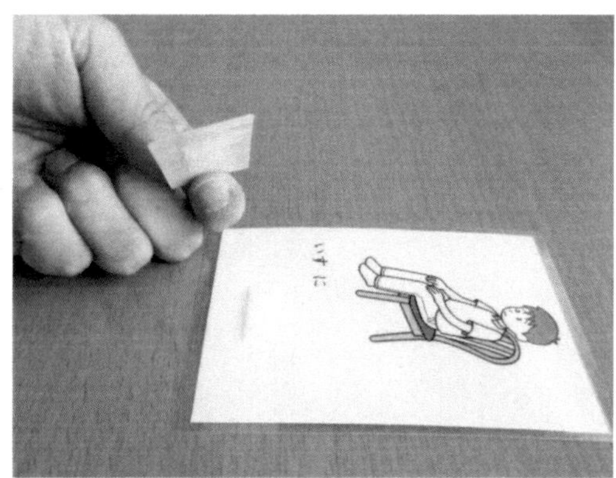

②複数枚の絵カードを並べ、対象児は該当する動作語小カードを選んで貼ります。

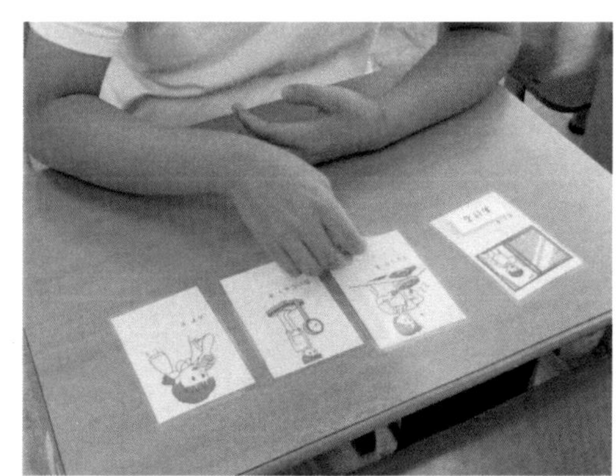

③先に対象児に絵カード１枚を渡しておき、その動作に合った動作語小カードを複数枚の中から選ぶなどの課題も設定でき、学習のバリエーションが豊富です。
④市販の絵カードではなく、子どもの日常生活のなかで見える物や人などの画像を使ったり、自作のイラストを用いることで、実感のもてる学習も可能となります。

♪こんなお子さんの学習にも使えます♪

・声を出して意思表示をすることが難しい幼児児童生徒でも、イラストを確認しながら学習することができます。こうした子どもの内言語が豊かになり、動作語の習得にもつながります。

Column1

筑波大学 特別支援教育
教材・指導法データベースについて

1、各障害種別の教育における知見を集約

筑波大学には、人間系障害科学域という研究組織、そして、視覚障害・聴覚障害・知的障害・肢体不自由・自閉症スペクトラム障害に関する附属特別支援学校5校があります。「筑波大学 特別支援教育 教材・指導法データベース」は、これらの組織が協働して特別支援教育の発展に資するさまざまな社会的要請に応えうる研究拠点となり、教員の専門性向上に対して役割を果たすことを目的に、附属特別支援学校5校で活用されている教材・指導法を広く発信してきました。現在は420を超える教材を取り扱っており、本書では、その一部を紹介しています。

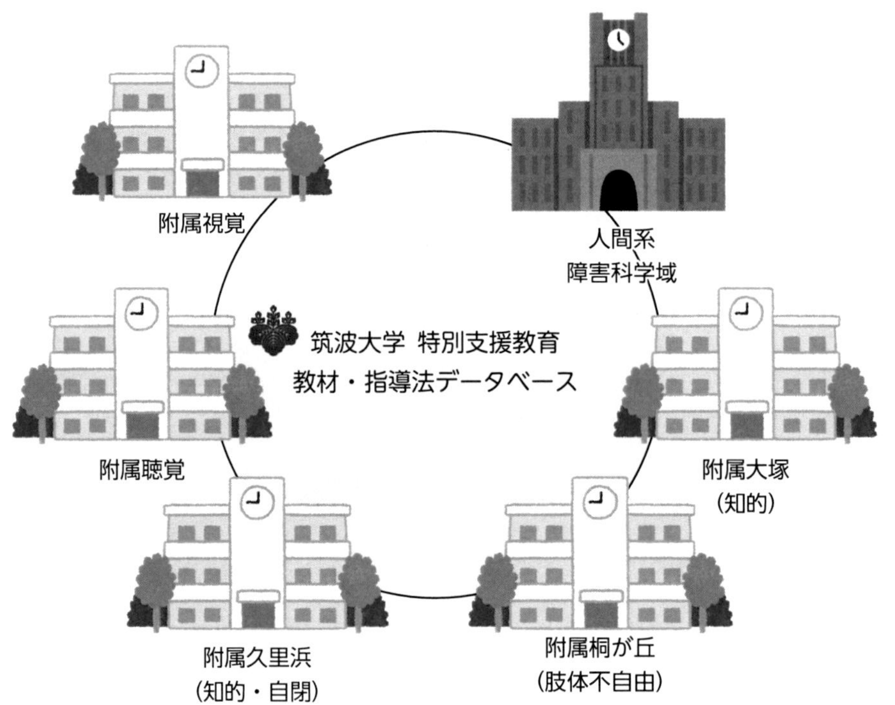

2、どのようなデータベースなのか

（1）教材に関する詳細な情報を紹介しています

どのような子どもに・どのような指導で使用しているのか、指導の意図や期待される効果などを紹介しています。中には、実際の指導場面の様子を画像や動画で紹介しているものもあります。

（2）かんたんに検索できるよう工夫しています

障害種別での検索、国語、音楽等の各教科別の検索、特別活動などの教科以外の場面別検索はもちろんのこと、フリーワードでの検索も可能です。そのため、どのような指導をしたいのか・子どもがこのような困難を示しているなどいくつかの視点から教材を探すことができます。

また、英語版も順次公開を開始しており、60を超える国・地域からアクセスをいただいています（2020年時点）。

（3）スマートフォンでもご覧になることができます

「こんな教材はないだろうか？」と思いついたとき、すぐに検索できるようスマートフォン版も公開しています。本書では教材の紹介とともにスマートフォンですぐに検索できるようにQRコードをつけています。

3、ちょっと工夫する・いくつかの見方で考えてみる視点の必要性

データベースに紹介している教材の多くは、身近にあるものをちょっと工夫してみたというものです。明日の授業で使ってみたいと思っても、取り寄せに時間がかかる、あるいは、高額な費用がかかるというものばかりでは、毎日の指導が成り立ちません。「ちょっとした工夫」という視点を紹介したいというのもこのデータベース公開の目的です。

また、データベースで紹介した教材は、提供校以外での活用もしています。例えば、視覚障害のある子どもに使用した教材が、視力に問題はないがものの見え方に課題がある子どもに使用してみたところ、大変有効であったという発見もありました。指導者も「〇〇障害」という視点から「〇〇しにくい」という子どもの学習困難の状態に基づいて、教材を検索し、見つけた教材と指導法を参考に、子ども一人一人に教材をカスタマイズする視点が大切ではないかと考えます。

（加藤 隆芳）

国　語

国語①

先生とやり取りしながら、単語を作って読む
とんとんとんブック

対　象	● 1文字ずつ平仮名のマッチングができるようになった児童
ねらい	◎身近な物や食べ物、人の名前を平仮名で構成し、読んだり、聞いたりして覚える。 ○単語を語頭から並べることができる。
提　供	久里浜特別支援学校　髙尾 政代

教材の特徴

・「とんとんとん」とテンポよく、教師と声を合わせ、ドアに見立てたカードをはがすことで、注目すべき写真や文字が分かり、集中して取り組みます。

・ページごとに、ドアに見立てたカードを穴の中に入れたり、文字カードを貼ったりするなど、操作しながら、理解を深めることができます。

用意する物・材料について

・写真
・文字カード
・マジックテープ
・ドアに見立てたカード
・穴を空けた箱
・カードリング　など

準備

・本の最後のページの後ろ側に、マジックテープを付け、箱に固定します。
・台紙や文字カードは、ラミネートをすると丈夫ですが、光で反射して見えにくい場合もあるので、児童生徒の物の見え方に応じて対応するようにします。
※本のページ数や写真の内容、文字など、学習のねらいに応じて決めるようにします。

使い方・実践例

①教師と一緒に「とんとんとん」と声を合わせて、ノックする動作をし、写真の上を覆っているドアのカードをめくって、穴に入れます。
②めくったドアの下にある絵や写真を見て、「○○だね」などと、教師がその名称を言って聞かせます。
③左のページにある平仮名の文字カードを1文字ずつ右のページの写真の下に貼り付けます。
④声に出して読む、教師が読んで聞かせる、食べるまねをしたりします。
※写真の下の文字を薄くして貼ったり、覚えてきたら文字を消したりします。その部分に紙を貼ることで、字を書く学習もできます。

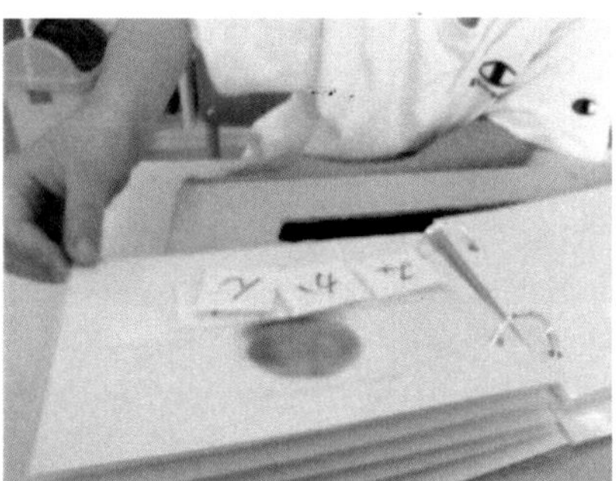

♪こんなお子さんの学習にも使えます♪

・絵本のページを、一枚ずつ順序よくめくって、見たり読んだりするための学習にも役立ちます。
・果物の本、食べ物の本、乗り物の本、家族の本など、それぞれの写真を集めた本を作ることで、「仲間集め」の理解にもつながります。その際は、本にタイトルを付けると効果的です。
・片仮名や漢字の学習にも応用ができます。また、単語だけではなく、文章を構成する学習もできます。

国語②

行事で心に響いたことを、わかりやすく書くことができる

行事の感想文メモ

対　象	●作文に苦手意識をもつ児童生徒 ●内容が時系列のワンパターンなものになってしまう児童生徒
ねらい	◎行事を通して自分が見たこと・感じたことなどを整理して、文章構成を考えることができる。 ○文章の内容に即した題を付けることができる。
提　供	聴覚特別支援学校　佐坂 佳晃

教材の特徴

・林間学校や運動会など、行事の内容に合った感想文メモとなっていて、書きたいことが焦点化されます。

・メモの具体的な例を示してあるので、参考にすることができます。

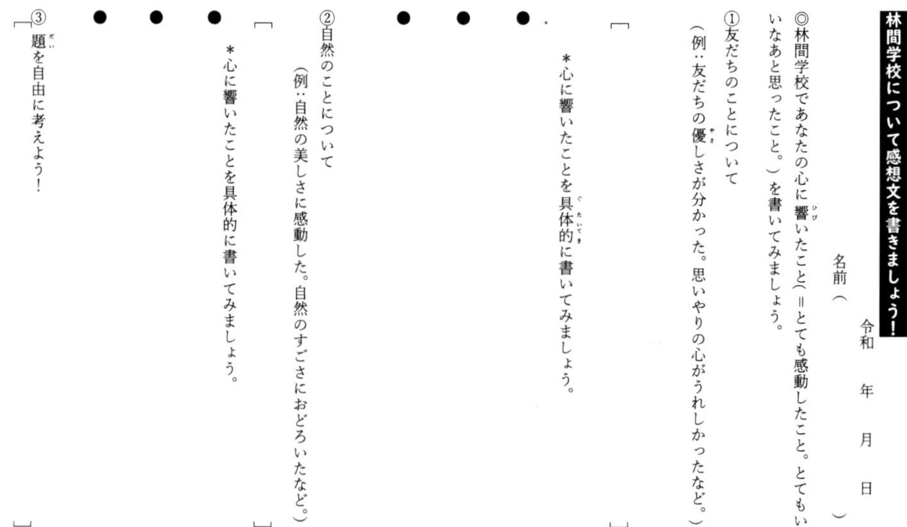

林間学校について感想文を書きましょう！

令和　年　月　日

名前（　　　　）

◎林間学校であなたの心に響いたこと（＝とても感動したこと。とてもいいなあと思ったこと。）を書いてみましょう。

①友だちのことについて

（例：友だちの優しさが分かった。思いやりの心がうれしかったなど。）

「　　　　」

＊心に響いたことを具体的に書いてみましょう。

●　●　●

②自然のことについて

（例：自然の美しさに感動した。自然のすごさにおどろいたなど。）

「　　　　」

＊心に響いたことを具体的に書いてみましょう。

●　●　●

③題を自由に考えよう！

「　　　　」

用意する物・材料について

・感想文メモを書きやすくするために、行事で経験したことを児童生徒に十分思い出させることが大切です。そのために話し合ったり、画像や動画を用いたりすることは大変効果的です。

使い方・実践例

①行事の内容に合った感想文メモにします。

＊林間学校の場合

・友だちのことについて

・自然について

などが考えられます。

②メモの具体的な例を示します。

＊林間学校の場合

・友だちのことについて：友だちの優しさが分かった。思いやりの心がうれしかった。

・自然について：自然の美しさに感動した。自然のすごさに驚いた。

などが考えられます。

③行事の事後学習として行います。

・文章構成（メモを、書く順序に並べるなど）を考えることで、伝えたいことを上手く表現できるようにします。

④必要に応じて個別に指導を行います。

・児童生徒とのやり取りを通して行事の内容を思い出させ、心に響いたことを引き出すようにします。

・やり取りの際、「なぜ心に響いたのですか？」と尋ねて、理由を説明させるようにすると、書きたい内容が明確になり、深まります。

⑤最後に題をつけます。

・感想文メモに書いた内容や、感想文で自分が表現したい内容と合うものになるように、児童生徒とのやり取りを通して決めていきます。

・児童生徒本人が題を決めたという達成感をもたせることが重要です。

♪こんなお子さんの学習にも使えます♪

・行事の感想について、書きたいことがなかなか定まらない児童生徒も、各項目について「心に響いたこと」を思い出すことで、文章を書きやすくなります。

国語③

話し合いながら、話すことや書くことの材料を整理できる

情報整理のためのマグネットシート&ふせん

対　象	●頭の中だけで情報を関係づけたり、整理したりすることが苦手な児童生徒
ねらい	◎話すことや書くことの材料を自分で整理したり、仲間と共有し、仲間の意見を聞きながら、整理したりすることができる。
提　供	桐が丘特別支援学校　田村 裕子

教材の特徴

・書く事柄や話す事柄の事柄同士の関係性や全体の構成について、具体的に操作しながら、視覚的にわかりやすく整理することができます。
・思考を目に見える形にすることで、自分の目で見て確認したり、皆と共有したりしながら、書く事柄や話す事柄の関係性を捉えたり、全体像をイメージしやすくしたりすることができます。

用意する物・材料について

・A４マグネットシート 書いて消せるタイプ など
・ふせん 75mm × 75mm 100 枚　など
※色は４色あると便利です。

使い方・実践例

①児童生徒が各自で話すことや書くことの材料をふせんにメモし、ふせんを台紙に貼り、操作しながら関係性を整理します。

②児童生徒がふせんにメモしたことを発表します。

③授業者がふせんのメモをマグネットシートに書き写し、黒板や白板上に貼り付けます。

④黒板や白板を見ながら、クラス全体で話すことや書くことの材料同士のまとまりや関係性について意見を述べ合い、全体の内容を一緒に整理していきます。

⑤授業の目標によって、また、材料の質や役割（事実や意見など）の違いによって、ふせんやマグネットシートの色を使い分ける学習方法も有効です。

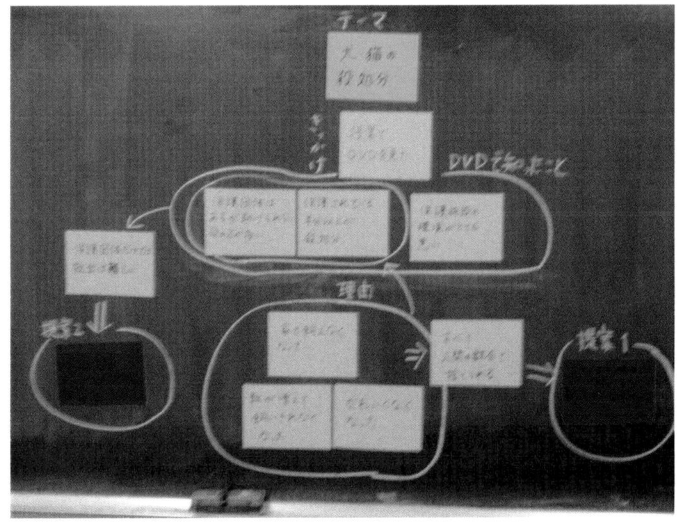

※色分けや構造化を行うことで子どもが考えやすくなり、話し合いが活発になります。

♪こんなお子さんの学習にも使えます♪

・文章を読んでいるうちに、前に書かれている内容を忘れてしまうお子さんの文章理解の学習にも使えます。

・段落ごとのキーワードや要点をふせんやマグネットシートに書き出し、ふせんやマグネットシートを動かしながら、キーワードや要点をつなげたり、まとめたりして、文章全体の内容を読み取る学習場面などでの活用が期待できます。

国語④

学習した事柄や言葉の復習のための家庭学習プリント

虫食いプリント

対　象	●音や音の数を意識し、正しく話したり、書いたりするのが難しい児童
ねらい	◎音や音の数に気を付け、正しく話したり、書いたりしようとする意識付けができる。 ○読んだり書いたりすることで、一つの言葉を構成する音の数・順序を意識化できる。 ○学校で扱った事柄・言葉の復習ができる。 ○前後の文から言葉を類推する力を高められる。
提　供	聴覚特別支援学校　天神林 吉寛

教材の特徴

・言葉の一部を○にし、児童が穴埋めをするための家庭学習用プリント。
・児童自身で読んだり書いたりすることで、一つ一つの音や音の数に気を付け、正しく話したり、書いたりしようとする意識付けができます。
・プリントを手がかりに親子で話し合うことで、学習したことをより深めたり、拡げたりすることもできます。

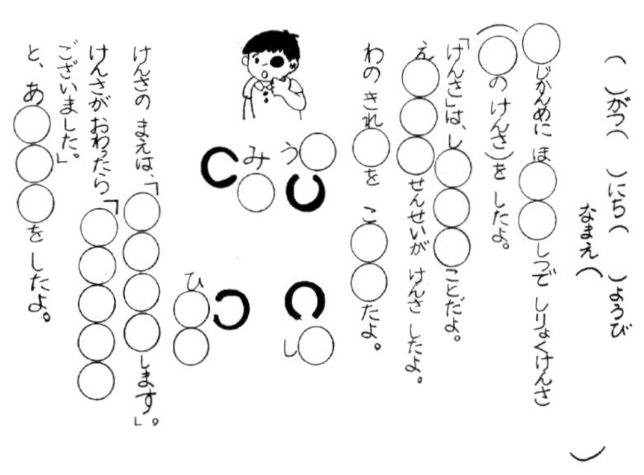

小学１年１学期　視力検査

2じかんめ　ほけんしつで　しりょくけんさ
(めの　けんさ)をしたよ。
「けんさ」は、しらべることだよ。
(名前)せんせいが　けんさをしたよ。
わの　きれめを　こたえたよ。
うえ　　した
みぎ　　ひだり
けんさの　まえは「おねがいします」
けんさが　おわったら「ありがとう
ございました。」
と　あいさつをしたよ。

用意する物・材料について

・その日の予定や行事、季節に関する事など、その時々で指導が必要と思われる事柄について話し合った内容を扱います。

・文字の一部を○（虫食い）にし、その部分を児童に書かせるようにします。
　※○一つがひらがなや数字１文字に対応します。

・言葉を選択するに当たっては、教科との関連を図るようにします。
　例）「みぎ」「ひだり」の言葉→算数「なんばんめ」の単元
　　　「ありがとうございます」「あいさつ」の言葉→１年国語「あいさつ」の単元

使い方・実践例

①年齢相応に身につけておいてほしい言葉、覚えておいてほしい言葉や事柄を取り上げます。

②一つの言葉を全部○で空欄にせず、はじめの音だけヒントとして書いておき、それを手がかりに児童自身で考えられるようにします。

③空欄にする言葉は、対象となる児童の実態を踏まえ、その時に必要性の高い言葉・無理なく覚えられる言葉を選択するよう心がけます。

④文の長さは、対象児童の読みの力を考慮し、長さを調節するようにします。

⑤児童自身がプリントを読み、○に当てはまる言葉を考えて書きます。

⑥分からない部分は親子で話し合い、当てはまる言葉を考えて書きます。

⑦話し合う際は、児童の言葉の力や考える力に合わせ、より深めたり、拡げたりするよう心がけると、より効果が高まります。例えば「どうして保健室に行ったの？」「誰にありがとうって言ったの？」「どうしてありがとうって言ったの？」など、問いかけながら取り組むようにします。

⑧丁寧に話し合う事で、覚えてほしい言葉の定着・スキルも図れます。

♪こんなお子さんの学習にも使えます♪

・その他、学校行事や季節に関すること、その時々で指導が必要と思われる事柄など、さまざまな活動に対応できます。
　例）「避難訓練」についての虫食いプリント
　　　（対象：１年・３学期）

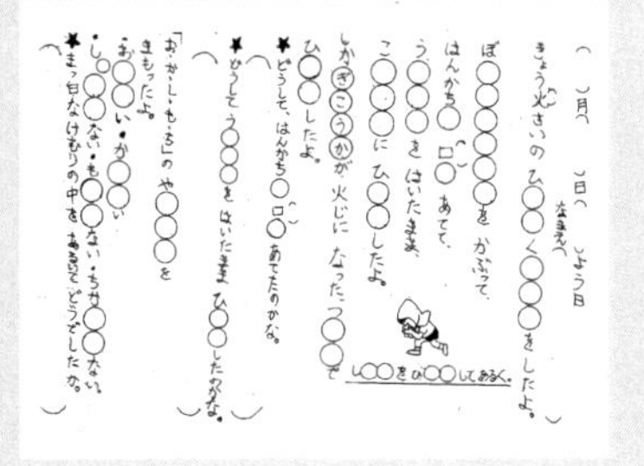

国語④

国語⑤

動物の模型を使ってやり取りしながら、単語を組み合わせて文を作ることができる

動物園で遊びながらお話ししよう

対　象	●教師の話を聞いたり、言葉でやり取りしたりすることが難しい児童生徒 ●単語を組み合わせて文を作ったり、読んだり、聞いて理解することを学習させたい児童生徒 ●知的障害や自閉症のある児童生徒など
ねらい	◎動物園に見立てた箱の中で、動物のフィギュアを操作して、単語を組み合わせて文を作ったり、読んだり、話したりする。 ○教師の話を見たり、聞いたりして模型を操作する。 ○教師と楽しくやり取りする。
提　供	久里浜特別支援学校　工藤 久美

教材の特徴

・知的障害や自閉症の子どもなど、身近な物の名称を理解していても、人とやり取りしながら言葉を使うことが難しい子どもにとって、教師の話を聞いて模型や単語カードを操作することで、話す以外の方法でも表出することにつながり、やり取りすることの楽しさを感じられます。

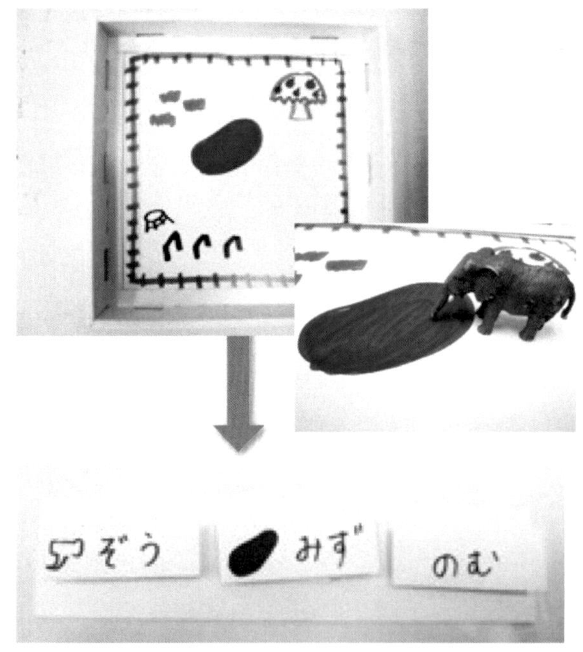

用意する物・材料について

・浅い空き箱や厚紙
・動物やキャラクターのフィギュア
・板目紙
・マジックテープ
・マジックペン

使い方・実践例

①教師は、動物園に見立てた紙の動物園と複数の動物のフィギュアを児童に見せ、「何をして遊ぼうか？」と問い掛けます。
②教師は、児童が選んだ動物のフィギュアの名称を「ぞうさんだね」と言葉掛けしたり、その動物を使って操作している動作を言葉で表現して聞かせたりします。また、教師も別の動物のフィギュアを使って児童の操作や言ったことをまねして一緒に遊びます。
③教師は、児童が操作している動物のフィギュアの様子について、「何をしているの？」「○○しているのは誰？」などの質問を行います。
④児童は、自分が操作しているフィギュアの様子について、単語カードを組み合わせて文を作ったり、読んだりします。

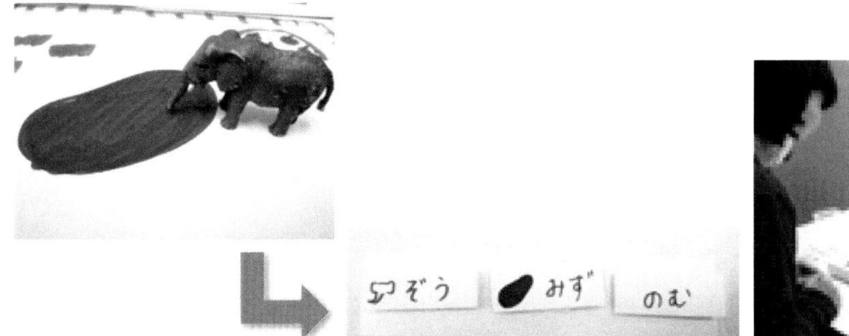

♪こんなお子さんの学習にも使えます♪

・言葉を話すことが難しくても、理解していることをフィギュアの操作や単語カードを組み合わせることで表現することができます。
・単語カードを組み合わせて文を作ることに加えて、助詞のカードを加えることで、助詞の使い方についても学習することができます。

Column 2

教材活用の視点

本データベースには、各障害領域で実践された420以上の教材・指導法が紹介されています。ここには、それぞれの障害特性に配慮した工夫が詰まっています。また、それらは、実践された障害領域以外でも活用が考えられる、と考えています。とはいえ、教材を効果的に活用するためには、どうしたらよいでしょう。紹介されている教材・指導法の工夫の視点から、考えてみたいと思います。

1、データベースに紹介された教材たち

ここで紹介されているものは、ある子どもの指導例です。つまり、障害領域の中で蓄積されたさまざまなノウハウに基づいて行われた指導例でもあります。その中でも、子どもの特性が焦点化されているため、もしかしたら、書いてある通りに指導しても、うまくいかないと感じることがあるかもしれません。

教材は、もともと、ある学習の目標を達成するための道具としてあるものです。ここで紹介されている教材は、コラム３～８の「○○にくさの実態」「○○にくさの背景」といった、学習をする上で子どもたちの持っているいろいろな困難さに対して、「だから、こんな工夫」という考えに基づいています。では、改めて教材が作成された視点をおさらいしてみましょう。

2、教材の工夫の視点

教材紹介のページに書かれていることは、その教材の工夫の視点でもあります。読者である先生方が担当されている授業作りのポイントにしたい所に注目してみましょう。

（1）子どもの特性に注目

紹介ページでは、指導した子どもの特性について、「こんな実態にある子ども」「こんな苦手のある子ども」に注目して工夫が考えられました。先生の担当するお子さんは、どんな特性がありますか？　指導上、どんな点を配慮したいですか？

（2）学習のねらいに注目

教科や領域の指導の中で設定した「ねらい」に注目して工夫が考えられました。わかりやすさ、操作のしやすさ、興味のひきやすさなど、どんなねらいをどのように達成させたいか、学習のねらいによっても教材は変わります。

（3）教材の特徴に注目

教材そのものの作り方や使い方の工夫が考えられています。そして、１つの教材の提示方法を変えたり、支援を段階的に減らしたり、難易度を変えていくなど、教材使用の段階性（ステップ化のヒント）が書かれています。１つの教材を繰り返し、丁寧に使い込んでいくこともあるでしょう。あるいは、いくつかの教材を組み合わせることが効果的なこともあります。

３、明日の授業がもっと楽しく

その教材を使ったら、子どもはどんな反応をするのかな、どんな活動をひきだせるかな、具体的な授業場面を想像できましたか？

一番大切なことは、授業の PDCA に沿って実践を通して指導を評価、修正していくことだと考えます。初めは、データベースに紹介された教材をそのまま使ってみるのもよいと思います。教材の工夫の視点をおさえて、実施した授業や子どもの実態に合わせて評価してみましょう。学習のねらいがわかり、子どももやる気になった、けれど操作がうまくいかなくて学習が止まってしまった、のであれば、操作がしやすくなるような工夫を考えるとよいでしょう。また、このねらいには、この教材がよいと思っても、子どもが関心を向けないこともあります。その時には、その子どもの関心が向きそうな題材や、提示の仕方などをアレンジして使ってみることも考えられます。

１時間の授業を行い、担当する子どもの学習状況を見ながら、その子に合わせて修正していくことで、教材や指導方法が洗練され、授業も改善していくことができると考えます。授業がもっと楽しくなりますよ。

（田丸 秋穂）

算数・数学

算数・数学①

手で確かめながら、作図や角度の測定ができる

定規セット

（三角定規一組、分度器、分まわし（コンパス）の４点セット）

対　象	●小学校、中学校、高等学校の各教科・科目の学習に取り組むことができる児童生徒
ねらい	◎触って作図ができる。 ○触って角度を測ることができる。
提　供	視覚特別支援学校　佐藤 優子

教材の特徴

・すべての定規に、ピンで固定するための穴があります。

・三角定規には、平行線を引くときなどに定規をスライドできるように、溝がついています。

・分度器は、基線に合わせる部分が４つの弧になっており、手で触って基線に合わせることができます。

・定規をしっかりと固定させるためには、ピンを深く刺せる厚み（５mm 程度）のあるシートが必要です。

・レーズライター用紙に作図する場合は、インクがなくなったボールペンを使用するとよいです。

用意する物・材料について

・商品名「三角定規・分度器・分まわしセット」：日本点字図書館

使い方・実践例

①角の大きさを測る

・測定したい角の基線に分度器を合わせ、ピンで固定します。

・測定したい角のもう１本の直線を探します。

・メモリを読みます。

②分まわしを用いて円を描く

・丸みのある方の端にある穴にピンを刺します。

・他の穴のいずれかにボールペンを入れて１周させます。

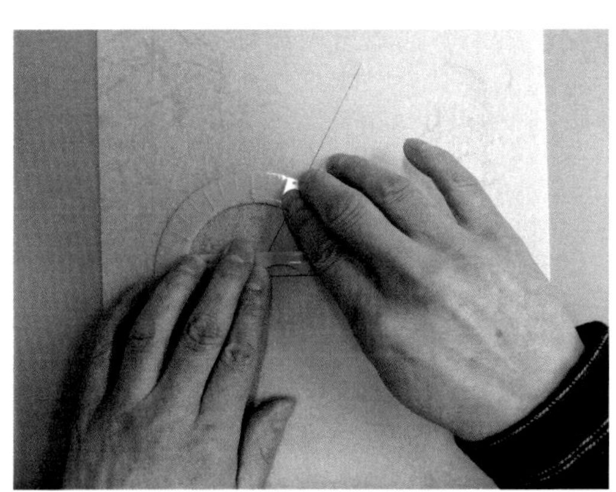

角の大きさを測る

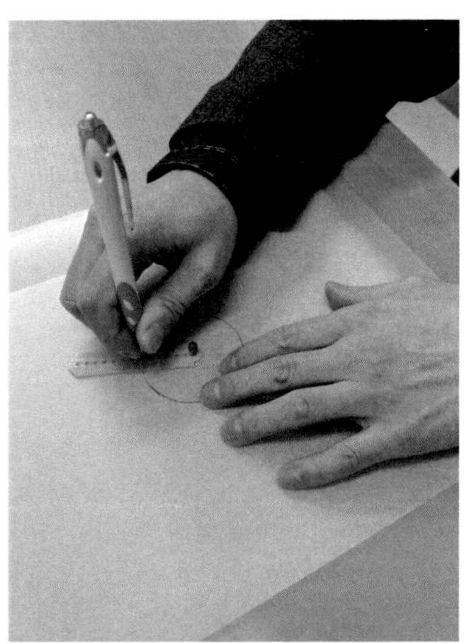

分まわしを使って円を描く

♪こんなお子さんの学習にも使えます♪

・本教材の大きな特徴は、ピンで定規を固定できることと、平行線を引きやすくするための溝があることです。したがって、定規を押さえながら筆記具で線を引くことが難しい手や腕にまひがある児童生徒や、細かい作業が苦手な児童生徒にも活用できます。

算数・数学②

円をきれいに描くことができる

くるんパス

対　象	●手首を回すことが難しい児童生徒 ●つまんで回すことが難しい児童生徒
ねらい	◎つまんでコンパスを回すことが難しい児童生徒が、コンパスを使って正確な円の作図を行う。
提　供	桐が丘特別支援学校　谷川 裕子

教材の特徴

・キャップを握ることができれば円を描け、つまむなどの人差し指、親指を連携させた微細な操作ができなくても大丈夫です。

・使用する際は、針が動かないように、紙の下に厚紙を敷くなどして、針を固定させるとより円を描きやすくなります。

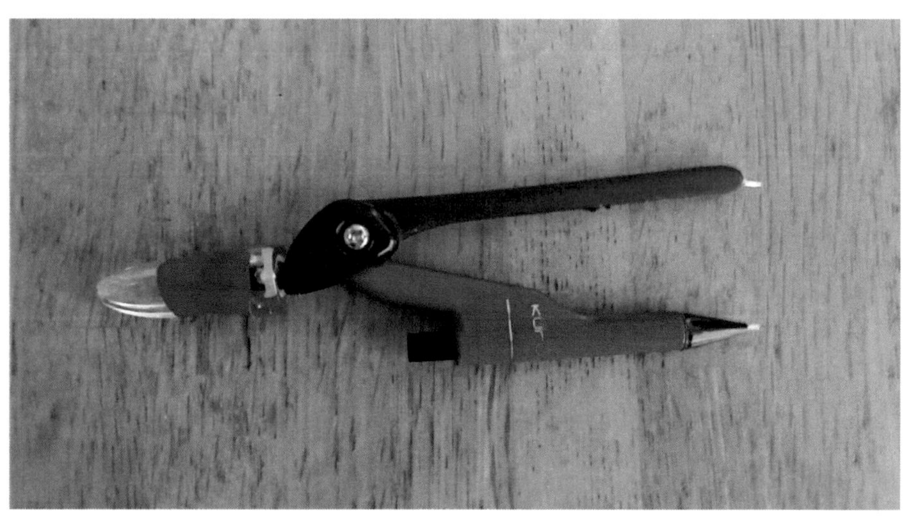

用意する物・材料について

・商品名「くるんパス」：株式会社ソニック

使い方・実践例

①円を描く紙として、厚紙を使用するか、紙の下に厚手の紙を敷きます。
②つまみ部分に補助具（くるんキャップ）をかぶせ、くるんキャップを握り、そのまま空中で大きく円を描くように腕を動かします。

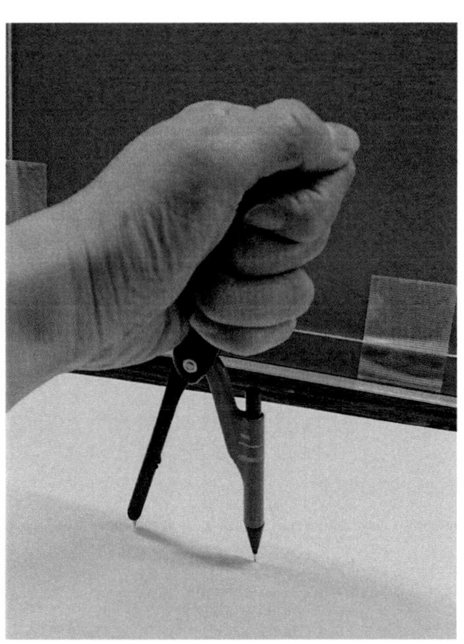

手首を返さずに取り組めることで図形の学習が楽しくなります。

♪こんなお子さんの学習にも使えます♪

・キャップを握ることができればよく、手首の返しも必要がないので、手指に不自由さのある児童生徒も抵抗感が減り、円を描く学習活動を全くしないということがなくなります。
・算数以外にも、図工や生活で模様を描いたり、図を描いたりするときにも使えます。
・鉛筆の部分は、シャーペン式もあり、使いやすさで選ぶことができます。
・キャップは取り外しができるので、円を描く以外の学習活動でキャップ部分が邪魔なときは外すことができます。

算数・数学③

図形やグラフの線を、きれいにかくことができる

まほうのしたじき

対　象	●定規を用いて直線を引くことや、図やグラフを描くことが難しい児童生徒
ねらい	◎きれいな直線を引くことができる。 ○効率的に線を引くことができる。 ○きれいな直線や図形が描きやすくなることで、作図の苦手意識をなくす。
提　供	桐が丘特別支援学校　山浦 和久

教材の特徴

・定規などを使わずに、フリーハンドできれいな直線を引くことができます。

・素早く線が引けるので、作図やグラフ、文章へのライン引きなどでの学習効率の向上が望めます。

・自分の手できれいな直線が引けるので、手の震えやまひなどからの苦手意識を軽減させることが期待できます。

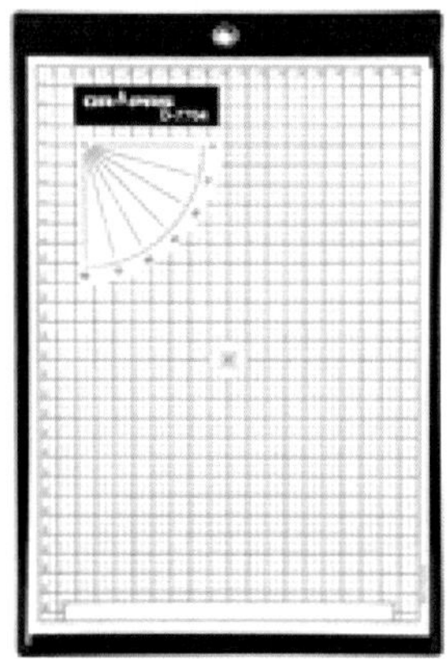

用意する物・材料について

・商品名「まほうのしたじき」：ドラパス株式会社

※鉛筆やボールペンを軽く押し付けて筆記することで、直線を引くことができる下敷き（シート）です。表面に微細な凹凸加工がされており、凹部に引っ掛けながら筆記するため、多少の力加減の練習が必要となります。下敷きには方眼などの線が印刷されているので、それをガイドに線を引くこともできます。その際、紙質によっては見え方が違ってくるので、指導者は子どもの見え方に配慮が必要です。

使い方・実践例

①利き手や書きやすい、見やすい場所を整え、筆記する用紙の下に「まほうのしたじき」をひきます。

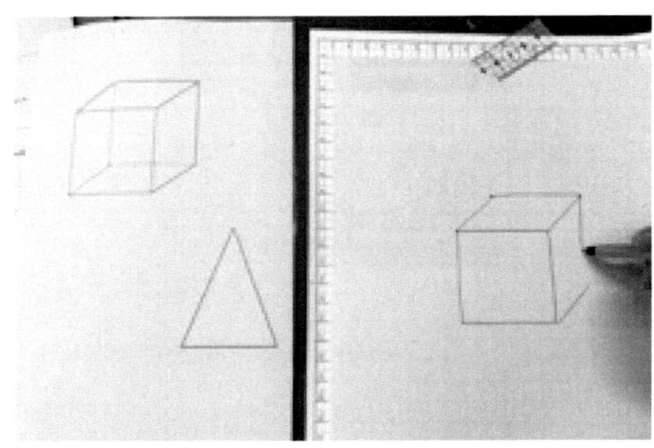

②国語の教科書やプリントなどの下に「まほうのしたじき」をひき、内容を捉えるためのラインを引きます。

※まずは、多少の曲がりやズレにこだわることなく、きれいな線を引くことができる楽しさを感じさせるようにします。それから、形を的確に捉えること、自分できれいな直線が引けることを大事にしてみてください。

♪こんなお子さんの学習にも使えます♪

- 手指の不自由がなくても、グラフや線を引くことに苦手意識を持っている児童生徒の中には、定規などの道具の取り扱い自体を苦手としている子どももいます。手順をスモールステップで指導者と一緒にならどうにかできるけれど、自分一人になると結果（きれいな線）が残せない。自分が引く線はいつもガタガタ…。このような場合、主体的な学習への大きな妨げになってしまうことがあります。
- 定規だけが線を引く手段ではないこと、自分できれいな線を次々と引いていけることで、自己肯定感や学習への意欲の向上につながります。
- 両手を同時に使う必要がなく、線をすばやく引いていけるので、技術・家庭科など、図面や型紙などを作図する学習の効率を上げるためにも使用できます。

算数・数学④

自分で主体的に手を動かし形を作ることで、図形への興味、関心、理解が深まる

アクリル棒

対　象	●小学校、中学校、高等学校の各教科・科目の学習に取り組むことができる児童生徒
ねらい	◎自分で棒を動かしたり、組み合わせたりという操作をすることで、辺と頂点の関係や図形の成り立ちなどの理解を深める。 ○操作を通して、図形の性質を捉える。
提　供	視覚特別支援学校小学部

教材の特徴

・磁石を用いているため、図形を作る際に棒がずれにくく、安定して操作できます。また、立体的で厚みがあるので、つかみやすく、容易に操作できます。
・断面が三角形のアクリル棒を使用しており、触ると線を感じられるようになっています。また、棒の先をとがらせることにより、頂点を意識できます。
・辺に高さがあるため、図形の内部と外部を区別して捉えやすくなります。
・辺を自分で動かせることで、図形の連続的な変化を見ることができます。

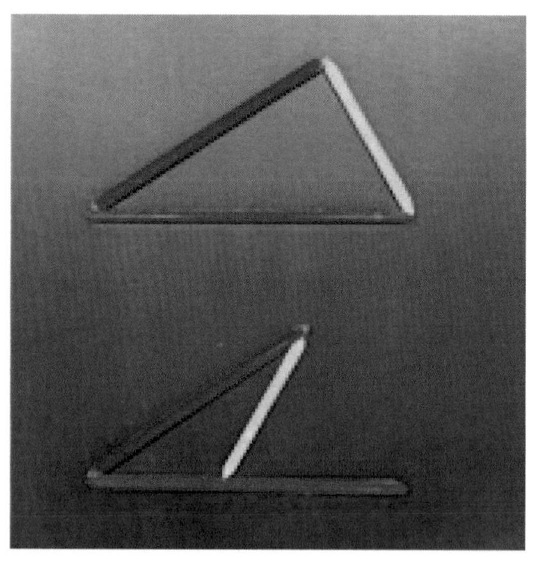

用意する物・材料について

・アクリル棒（断面が 3 × 3 × 4.25mm の三角形）
・マグネットシート
・磁石とアクリル棒の間に挟む厚紙
・アクリル棒を切る道具（アクリルカッター、ニッパーなど）
・接着剤
・やすり

準備

＊教材作成上のポイント＊

・２本が合わさった部分を頂点として認識しやすいよう、両端を斜めに切ります。
・アクリル棒とマグネットシートの間に、認識しやすい色の紙をはさんだり、色を塗ったりすることで、弱視の児童生徒への見やすさについても配慮しています。
・カラーのマグネットシートを使用すると、より簡単に作ることができます。

使い方・実践例

①長さくらべや長さの測定、三角形の構成、かたちづくり、かたちあそびの学習などに活用できます。
②児童生徒が操作するときに、滑りにくく扱いやすいのと同時に、試行錯誤しながら動かすことができます。
③三角形において「２辺とその間の角がそれぞれ等しい」ということが合同条件となる理由を考える際に、２辺とその間ではない角が等しいという条件では、２種類の三角形ができてしまうことに気付かせる活動に用います。その際、該当の２辺ではない辺を長めにとって、２種類の三角形を作っています。

♪こんなお子さんの学習にも使えます♪

・図形を描くことが難しい児童生徒でも、自分でさまざまな形を作ることができます。
・本教材は断面が 3mm のアクリル棒を用いていますが、児童生徒の実態に合わせ、太いアクリル棒を使うことも有効です。

算数・数学⑤

自分で組み立てたり、分解したりして、立体の構成（面の形や数、展開図）について理解することができる

マジキャップ

対　象	●教科学習を行う視覚障害のある児童生徒 ●形遊びができる視覚障害のある幼児児童
ねらい	◎面を構成して、立方体や直方体、三角錐、四角錐のイメージを形成する。 ○立体やその展開図についてのイメージを形成する。 ○一辺が５cm タイプと 10cm タイプを併用することで、一片の長さが２倍になると面積は４倍に、体積は８倍になることが、見ても触れてもよく理解できる。
提　供	岡山大学大学院教育学研究科　宮﨑 善郎 （前・視覚特別支援学校）

教材の特徴

・組み立て、分解が容易で、負担なく試行錯誤ができます。
・面を蝶番のように合わせることができ、簡単に面の構成ができます。
・形状保持力にすぐれるので、直方体や立方体を切り開いたまま、触覚でも確認することができ、展開図のイメージ作りに役立ちます。

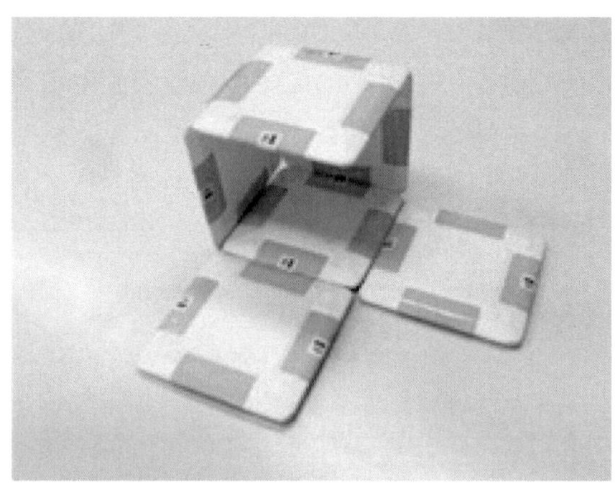

用意する物・材料について

・商品名「マジキャップ」：工房ながおか

使い方・実践例

①一辺が 10cm、厚さ 8mm ほどの正多角形（三、四、五、六角形）、長方形、二等辺三角形の６種類のプラスチック製プレートと、一辺が５cm の同タイプのものがあります。プレートに丸棒状の強力磁石が埋め込んであり、プレート同士を合わせると蝶番の様に付きます。入っている磁石はプレート内部で極性が回転するようになっており、使用者は極性を意識することなく扱うことができます。

②形遊びでは６種類のプレートを自由に組み合わせて形を構成します。

③算数の学習では、立方体や直方体等、単元で取り扱う図形を実際に組み立てて確認したり、切り開いた形を確認して展開図のイメージ作りができます。

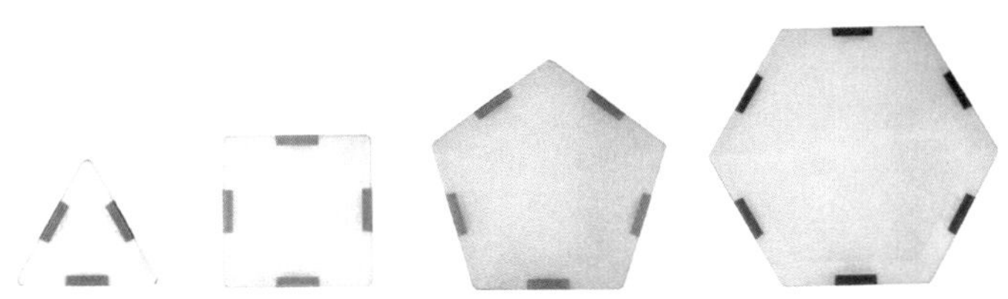

♪こんなお子さんの学習にも使えます♪

・就学前教育
　構成遊びを通して、自由に遊びながら図形の理解を深めることができます。

・視力以外の見えにくさ（認知）に支援が必要な児童
　立体が２次元で表現された見取り図や投影図、展開図などの理解が困難な児童でも操作的活動を通して理解を深めることができます。

・手や指の操作に支援が必要な児童
　図形を紙で切り抜いたり、テープやのりなどで貼ったりするなどの作業に関する負担がなく、容易に構成活動を行うことが可能で、十分な試行錯誤を保障することができます。

算数・数学⑥

筆算を書く位置が一目でわかり、位取りの間違いも減る

筆算シート

（『ひっさつ　ひっさん　シート』）

対　象　●小学校算数の授業で筆算をノートに書いて解くときに、見えにくさやとらえにくさがあり、マス目ノートのどこから書けばよいか戸惑う児童生徒
●テストの余白に筆算すると位取りを間違えて、誤答につながる児童生徒

ねらい　◎自分一人で筆算がしやすくなる。
○筆算式を書く位置が一目でわかる。
○位取りの間違いが減る。

提　供　桐が丘特別支援学校　村主 光子

教材の特徴

・筆算をどこから書き始めればよいか分かるように、基準となる線を太くします。
・四則計算すべてをこの１枚で対応できます。
・ツートンとすることで行が見やすくなります。
・参照シートの６マス×８マスでは、５ケタ同士の加法・減法・乗法及び４ケタ÷２ケタの計算に対応しています。
※学年によりマスの数や１枚のシートに何題の筆算が書けるかなどは調整するようにします。

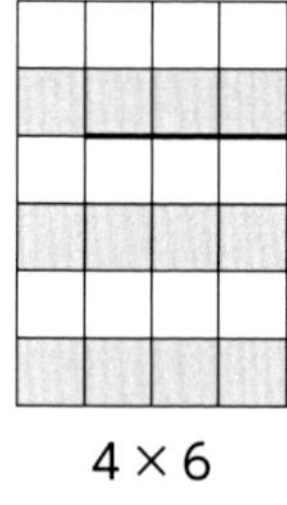

4×6

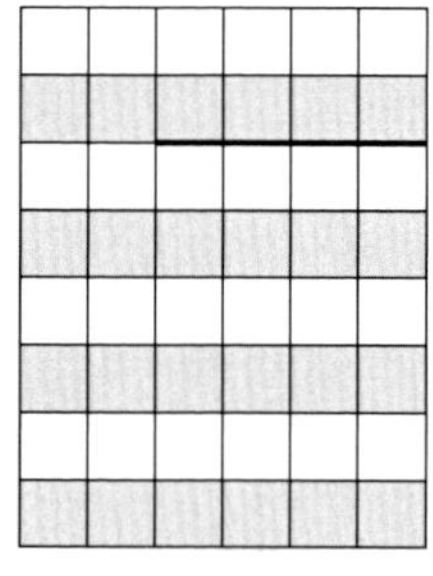

6×8

用意する物・材料について

- マス目のワークシート。
- 対象児童生徒の実態に応じて、マスの数を増やすことにより大きな数の四則計算が可能になります。
- マスの大きさや数を調整することにより１枚に何問も計算することができる計算用紙を作成することもできます。

使い方・実践例

①加法、減法、乗法の場合は、右のように基準となる太線の上方に設問の数字を書き、筆算を行います。

53 × 26

				5	3
			×	2	6
			3	1	8
		1	0	6	
		1	3	7	8

②除法の場合は、基準となる太線の下方に割られる数を書き、次に“）”を書き、割る数を左側に書き、筆算を行います。

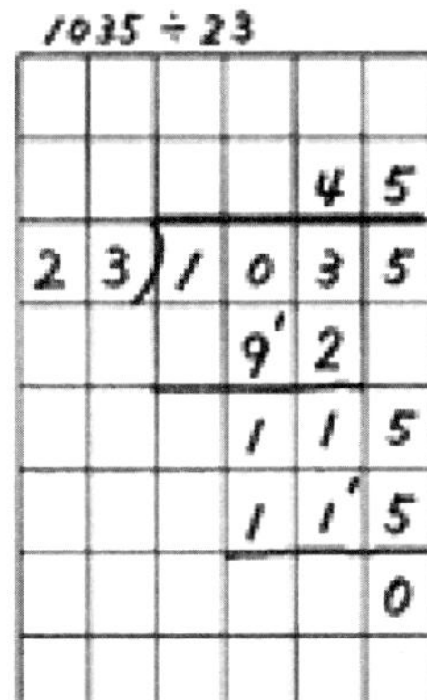

♪こんなお子さんの学習にも使えます♪

- パワーポイント等で作成した筆算シートをパソコン上で児童生徒に使用することで、手にまひがあるなどのためにプリントへ筆記することが難しい児童生徒の指導にも活用できます。その際、繰り上がりの数字をどこに書かせるのかを指導する工夫も必要になります。

Column 3

教科における学習上の困難と学びやすさ

学習上の困難は、障害の種類や程度によって異なります。また、複数の障害を併せ持つ場合もありますので、それによって学習上の困難の状態も異なってきます。目の前の幼児児童生徒がどのような困難を抱えているのか、それに対してどのような指導の工夫をすることによって学習に取り組みやすくなるのかを一人一人について検討し、効果的な教材や指導を提供できることが大切です。

1、視覚障害

視覚は物の色や形、周囲の状況など、多くの情報を一見にして捉えることができる感覚です。そのため視覚障害者は晴眼者に比べると、得られる情報量に大きな差があります。視覚だけでなく、触覚や聴覚などたくさんの感覚も使いながら情報を得て、それを整理するには時間がかかります。また、危険を伴う作業や運動もあるので、方法を工夫し、安全に留意する必要があります。

- 触れないものを触って、分かるもので表す。
- 視覚情報を触覚、聴覚情報に置き換える。
- 両手での操作がしやすいように工夫する。
- 見やすさ、触ったときの分かりやすさに配慮する。　など

2、聴覚障害

幼稚部段階では、見たり聞いたり、触ったりして分かる経験を積み重ね、分かることやできることを少しずつ増やしていきます。また、分かる経験を積み重ねることで子どもの表出意欲が育っていきます。その過程で話し言葉（話せる言葉、聞いて分かる言葉）を育てていくことになります。そのためには、小さなステップで学習を進めていくことが大切です。「見たり聞いたりして分かる」だけではなく、その場（教材や手がかりなどをもとにした）でのやり取りが話し言葉を育てる上では大切になります。また、発音を意識して話す姿勢を育てていくことも重要です。

- 興味を持って活動に取り組めるようにする。
- 伝えられたことが「分かる」経験を重ね、話を受け取ろうとする態度を育てる。
- 生活の中で見通しを持てるようにする。
- 子どもの発声や発話を促すようにする。
- 子どもの表情や身振りなどの表出も大切にしながらやりとりをする。
- 教材がない日常場面でもできる（分かる）ようにする。　など

3、知的障害

知的障害の認知特性により、身体や手指の操作面で不器用さが現れたり、記号や文章

のみの抽象的な情報を正確に理解することに困難さが生じたりしますが、個々の発達段階と生活年齢に配慮した実際の経験や機能訓練を積み重ねることで、行動的理解を促し、社会参加や社会的自立を目指します。

・発達段階に応じた教材・教具を用いる。
・実生活に汎化できるようなステップを工夫する。
・文章を簡潔に絵やイラストで分かりやすく示す。
・他者との関係性を促す教材や指導を工夫する。　など

4、肢体不自由

さまざまな原因から身体に動かしにくさが生じることで、日常的な動作がスムーズにできないことがあります。脳性まひなど脳の損傷による場合では、運動のしにくさだけでなく、視覚認知の困難さがみられることもあります。身体の動きを整えると同時に環境や道具の工夫により、活動を安定的に、集中して取り組めるようにすることが大切です。場面や状況による道具の使い分けや必要がなくなれば配慮を減らしていくという柔軟な考え方が有効です。

・動かしやすい身体の状態を整える。
・動かしやすい環境を整える。
・見やすい、捉えやすい提示の仕方を工夫する。
・操作しやすい、扱いやすい道具を工夫する。
・情報を整理しやすくする。　など

5、自閉症スペクトラム障害

子どもによって、特性の現れ方と、そのことが子どもにもたらす困難が異なります。一人一人の特性（苦手なこと、得意なこと）を把握して、指導方法や教材を工夫することが大切です。子どもが落ち着き安心して生活や学習に取り組めること、上手くできた、分かったという経験を積むことができること、自分から取り組んでみたいと思えることを目指します。

・物理的環境を整える。
・見通しを持つことができるようにする。
・何を、どこで、だれと、どれくらい…、など（について）分かりやすく伝える。
・活動の始まりと終わりを分かりやすく伝える。
・見て分かること、聞いて分かることを活かす。　など

特別支援教育 教材・指導法データベースリーフレットより　（加藤 隆芳）

理　科

理科①

自分自身では見えない・見えにくい色の違いや変化、模様、物の動く様子について自分で観察できる

感光器

対　象	●視覚障害のある児童生徒 ●小学校、中学校、高等学校の各教科・科目の学習に取り組むことができる児童生徒
ねらい	◎音の変化を利用して、光の強さ、光の通り道、色の違いや変化を調べる。
提　供	前・視覚特別支援学校　浜田 志津子

教材の特徴

感光器の先端の受光部に入る光量を「ピー」という音の高低に変換することで、見えない・見えにくい児童生徒が色の違いや変化などを知ることができます。強い（明るい）光を感じると高い音を出し、弱い（暗い）光では低い音が出ます。音の高さで光の明暗を知ることができます。感光器では色の比較はできますが、色そのものを調べることはできません。

〈使用上の注意〉

①受光部に粉や液体が直接触れそうなときは、汚さないように、ラップフィルムなどで包んで使います。

②強い衝撃を加えない、水でぬらさない、炎を観察するときは本体を 15cm 以上離す、などに注意します。

③暗すぎる物は観察できません。明るすぎる物、例えば屋外で日なたと日かげを探したり、地平線・水平線を見つけたりするときは、屋外用フィルターを取り付けて使います。

用意する物・材料について

・商品名「デジタル感光器」：社会福祉法人　東京ヘレン・ケラー協会 盲人用具センター

使い方・実践例

先端の受光部を調べたい物に向けて色の違いや変化などを調べます。

例）次のような観察・実験を児童生徒自身で行うことができます。
- 光の進み方を調べる。
  光の直進・反射・屈折
- 固体の色の違いを調べる。
  （注意：固体の色等を調べるときは、固体に当たった光が反射して受光部に入るように、感光器を斜めに持って、調べたい物に当てます。）
  銅、鉄、アルミニウムの色の違い／金属光沢の有無
  透明か不透明か
  電気分解や電池で、色が変化した電極
  紙に文字や線、模様が書いてある物と、書いてない物の区別
  魚の背側と腹側の色の違い
  ヨウ素液による色の変化
  岩石の色や結晶の大きさの違い
- 試験管内の水溶液等の色の変化や沈殿の有無を調べる。
  （注意：液の色を調べるとき、色の違いを調べるときは試験管の背景に白い板を、液の色が白くなることを調べたいときは背景に黒い板を置いてノイズを消し、観察します。）
  石灰水の白濁
  温度変化での結晶の析出（再結晶を調べる）
  BTB 溶液の色の変化／ベネジクト液の沈殿
  銀鏡反応
- 中和滴定におけるフラスコ内の色の変化を捉える。
- 太陽の動きを調べる（屋外用フィルターを利用します）。
- 空と陸（海）の境界を調べることで、山の稜線をたどったり、地平線・水平線を調べたりする。
- 振り子が振れる様子を調べ、周期を求める。
- 炎の色の違いを調べる。
  空気の量によるガスバーナーの炎の色の違い／炎色反応

♪こんなお子さんの学習にも使えます♪

- 物理分野では、振り子の周期を調べる方法として、一般的には振り子が最下点を通過する時の様子を目視で観察し、ストップウォッチを用いて１周期の時間を求めます。しかし、目で観察すると視差により、振り子の通過を正確に測れないことがあります。また、最下点を通過するのは一瞬のため、目視でそのタイミングを厳密に測定することが困難なこともあります。
- 目の代わりに感光器で調べれば、振り子の通過を音の変化で測定することができ、その音の変化を元にストップウォッチを操作できるため、より正確に振り子の周期を調べることができます。

理科②

あたためられた水の動きについて理解し、疑問にこたえられる

網付きカップ

対　象	●視覚障害のある児童
ねらい	◯あたためられた水はどのように動くか確かめる。 ◯水は動きながら全体があたたまっていくことを確かめる。
提　供	視覚特別支援学校　山田 毅

教材の特徴

・どこにでもある材料で簡単に作成できます。
・自分の力で実験が完結できます。
・朱墨汁で弱視児童も分かりやすくなります。
・カップの熱伝導性がよいので手で観察しやすいです。
・温かい水は、上方に移動することを学ぶ単元の学習で役立ちます。

用意する物・材料について

・PET 製カップ
・網戸用の網（網戸修繕用の網（DIY などで購入できる）
・ボンドG－17
・カッター　　・カッターマット
・朱墨汁　　・水（温度差があるもの２種）
・密閉容器（砂糖などを入れる（PET 製カップが入る）もの）

＊教材作成上の配慮＊

①児童が操作しやすい大きさにすることが重要です。

②手に入りやすい素材を使用します。

使い方・実践例

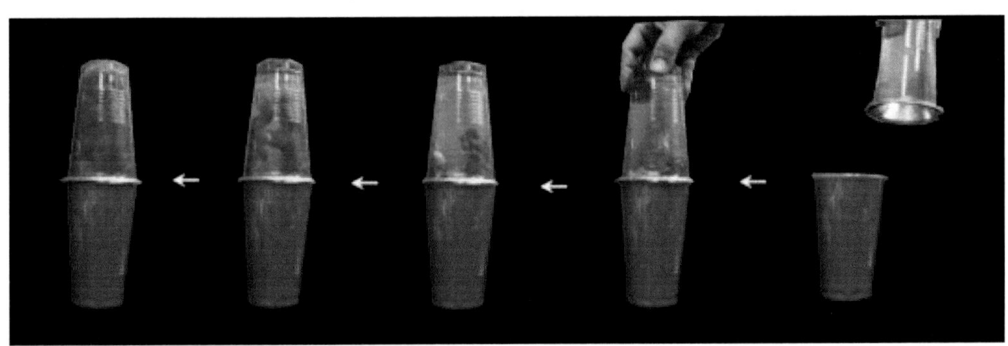

①網付きカップを利用すると、表面張力によりカップを逆さにしても水が落ちないので、利き手で網付きカップを持ち、もう一方の手で下のカップを支えることができます。

②下にあるカップの水面に逆さまにしたカップの網の部分が触れた瞬間に、表面張力が解放され温かい水の移動が始まります。

③カップをつかむ手のひらで移動する水の温度変化を観察することができます。

♪こんなお子さんの学習にも使えます♪

・知的障害のある児童生徒

朱墨汁を利用していることで、情報が視覚的に提示されるため知的障害のある児童生徒にも有効です。

・発達障害のある児童生徒

割れないコップを利用しているので、慣れない動作でも失敗を気にしないで進められます。カップから伝わる温度変化など、視覚以外の応答性が興味をひき抵抗なく取り組めます。また、巧緻性に課題のある児童生徒にも有効です。

※実験と作り方を案内した Youtube のアドレス
https://youtu.be/Z_XveP3W7lk

理科③

呼吸の際の肺容積の変化を理解することができる

呼吸運動模型(正常時・気胸時)

対　象	●視覚に障害のある生徒
ねらい	○胸郭、横隔膜、肺の位置関係を理解することができる。 ○横隔膜の収縮により肺が膨らみ、弛緩により肺が縮むことを理解することができる。 ○胸腔内圧の変化により肺の容積が変化することを理解することができる。 ○正常時、気胸時の肺の容積の違いを理解することができる。
提　供	視覚特別支援学校　岸本 有紀

教材の特徴

・ペットボトル（胸郭）の切り口についた風船（横隔膜）を下に引っ張ることで、内部の風船（肺）が膨らみ、逆の動きをすることで内部の風船が縮むことを確認することができます。

・ペットボトルに一か所穴を開け、気胸の状態をつくることで、正常時との肺の容積の違いも確認することができます。

・この教材は、身近にある教材を使用するだけで、短時間で簡単に作製することができるため、生徒の人数分用意することも容易です。

用意する物・材料について

・ペットボトル（１本）　・風船（２個）　・輪ゴム　・テープ

準備

・ペットボトルを半分にカットします。
・ペットボトルの飲み口に風船を取り付け、輪ゴムでとめます。
・風船を半分にカットします。
・ペットボトルの切り口にカットした風船を取り付け、テープでとめたら完成です。
※気胸モデルを作製する場合には、ペットボトルの側面に１カ所、穴をあけます。

使い方・実践例

①教材を一定時間、観察させます。ペットボトル内の様子を視覚で確認できない場合には、風船（横隔膜）を取り外した状態の模型を提示し、内部の観察をさせます（写真１）。
②胸郭、横隔膜、肺の位置関係を説明します。
③風船（横隔膜）を下に引っ張ることで内部の風船（肺）がどのように変化するかを観察させます。ペットボトル内の様子を視覚で確認できない場合には、ペットボトルの口に頬を当てたり（写真２)、指を突っ込んだ（写真３）状態で風船を引っ張ることで、風船（肺）内の空気が移動し、容積が変化することをイメージできます。
④ペットボトルに穴を開け、気胸の状態を作ります。
⑤先ほどと同様に風船（横隔膜）を下に引っ張ることで、内部の風船（肺）がどのように変化するかを観察させます。

写真１

写真２

写真３

♪こんなお子さんの学習にも使えます♪

・視覚障害の有無や状態に関係なく、内圧の仕組みを理解することに苦労している生徒が、その仕組みを楽しく学ぶことができます。
・短時間で簡単に作製できる教材なので、授業の中で生徒と一緒に作製してもいいかもしれません。自分の好きな色や形の風船を選び、生徒自身が作製することによって、教材に興味をもってもらえます。作製を通して、内容の理解にもつなげられ、記憶の定着にも効果があります。

Column 4

みえにくさにおける学習困難と学びやすさ

視覚障害児童生徒は、日常の学習や生活の中で、聴覚、触覚、嗅覚、味覚、平衡感覚、運動感覚などの諸感覚を活用して情報を得ています。もちろん、保有視覚のある弱視の児童生徒は、視覚も活用します。今回はその中の触覚に焦点を当てます。

視覚障害教育の世界ではよく知られていることですが、視覚障害児童生徒は、「触察」を通して指や手から得た情報を頭の中でつなぎ合わせることで、物事を理解しています。触察とは、ものを「さわる」、「ふれる」、また、「さぐる」ということを意味しています。岩手県にある「視覚障がい者のための手でみる博物館」を創設された桜井政太郎先生は、「百聞は一触（いっしょく）にしかず」とも仰っており、触ることの重要性を主張されています。また、桜井先生は「触察こそ『知る世界』から『わかる世界』へ踏み出す最も大切な手段だ」とも述べられています。

生活の中で触察が活用される場面として、駅構内に設置されている触地図を使った駅構内の構造・環境の理解があります。はじめに地図全体を触察し、駅構内全体がどのような形になっているのか、おおよその大きさなどを把握します。次に改札や出口、トイレなど、それぞれの部分を触り、それらを頭の中でつなぎ合わせ、駅構内の全体を理解していきます（写真１）。

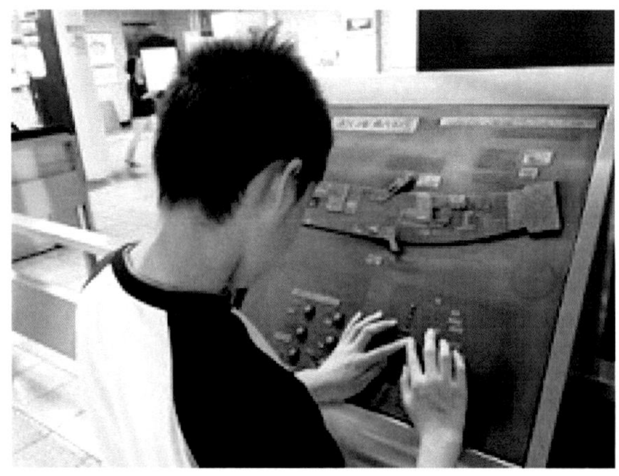

写真１　駅の構造理解

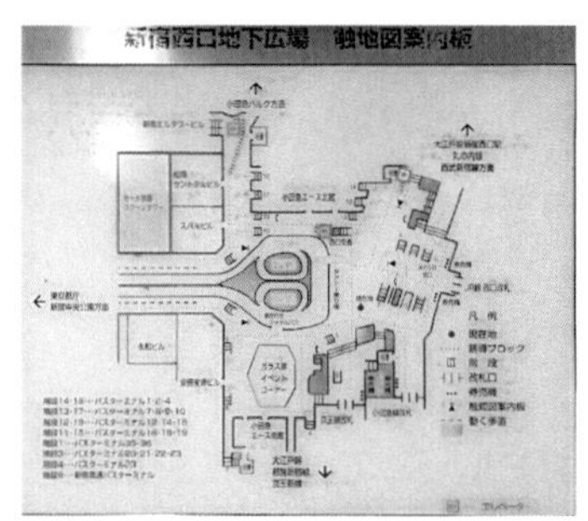

新宿駅の触地図

教科の学習においても触察はとても大切です。視覚障害教育における「バーバリズム」という言葉があります。これは、言葉は知っているけれど、その言葉の意味を正しく理解していないということを指しています。知ってはいるけれど、それは言葉としての知識だけであり、実はその本質はよく分かってはいないということです。このようなことは、教科の学習の場面でもよく見られます。理科の生物の学習で器官を学習するための魚の解剖実験を一例として挙げると、魚のことを知識としてのみ知っている児童生徒は、魚が泳ぐ時の体の向きをよく知らない、ということも少なくありません。そこで理科の授業で、本物の魚丸々一匹を使い、丁寧に触察しながら、一つ一つの体の仕組みを理解していきます。これが、触察により知識が分かるに転換するということです（写真２）。

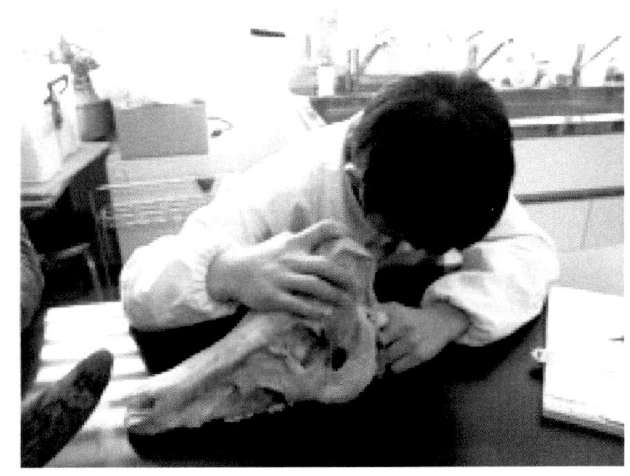

写真２　理科の授業で剥製を触察

触察により、知る世界からわかる世界へと進めていくこと。これが、みえにくさにおける学習困難から学びやすさへと転換できるというということです。そして、この教育は視覚障害に限ったものではないことも、筆者を含む視覚障害教育に携わる者が伝えたいことです。触察を通して理解することは、どの児童生徒の学習・生活にとっても、本当の「わかった！」につながる有効な経験になります。本書を通して、その点をご理解いただけたらと思います。

（佐藤 北斗）

【参考文献】
青柳まゆみ・鳥山由子編著（2015）「視覚障害教育入門―改訂版―」ジアース教育新社
桜井政太郎（2013）①視覚障がい者と触察―「知る世界」から「わかる世界」へ。想像からの脱却をめざして―．ジアース教育新社，視覚障害教育ブックレット Vol.22, p.6-13

社　会

社会①

地図の読み取りが上手になる

透明地図シート

対　象	●地図の情報を読み取ることが難しい児童生徒 ●手指にまひや不自由がある児童生徒
ねらい	○地図の中から必要な情報を浮かび上がらせてみることができるようになる。 ○複数の情報を重ね合わせながらみることができるようになる。
提　供	桐が丘特別支援学校　石田 周子

教材の特徴

・地図の情報を種類別に分けて作製しているので、情報の量が多いと混乱してしまう人も、必要な情報に着目しやすくなり、読み取りやすくなります。

・透明シートに作製しているので、必要に応じて複数の情報を重ね、地図の情報を関連付けて考えることができます。

・留め具がついているので、押さえることが難しい児童生徒にも、シートがずれる心配がないので安心して授業に取り組めます。

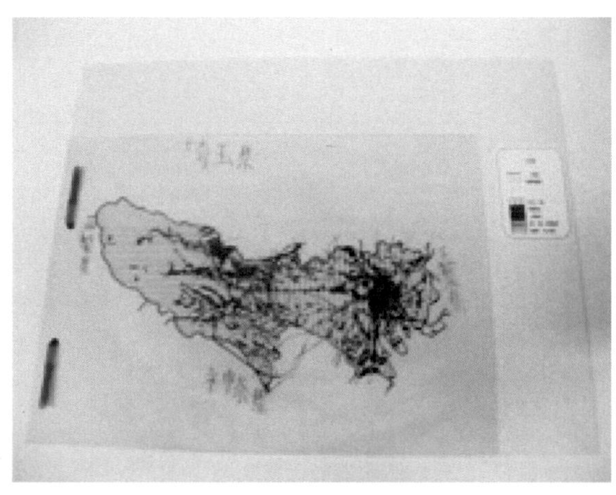

用意する物・材料について

・カラー印刷できる OHP シート
・留め具（ファスナー）
・台紙

準備

・地図の情報を種類別に分けて作製し、それぞれ OHP シートに印刷します。
・重ねてみることができるように、地図の大きさと印刷位置、穴あけ位置をそろえることがポイントです。
・地図が透明なので、みやすくなるよう色のついた台紙をつけるとよいです。
・留め具（ファスナー）は児童生徒が使いやすいタイプの物を選ぶと、自分ではめたりはずしたりして学習することができます。

使い方・実践例

例えば、東京都について学習する場合、東京の地形、東京の土地利用、東京の交通網などの透明地図シートを用意します。地形について学習する時は、地形の透明地図シートだけを用います。地形と土地利用を関連付けて考えてほしい時は、地形の透明地図シートの上に土地利用の透明地図シートを重ねます。すると、2枚の地図を横に並べてみるよりも、台地や低地のところに住宅地がひろがっていることなどが一目瞭然となり、情報を関連付けて考えることができるようになります。

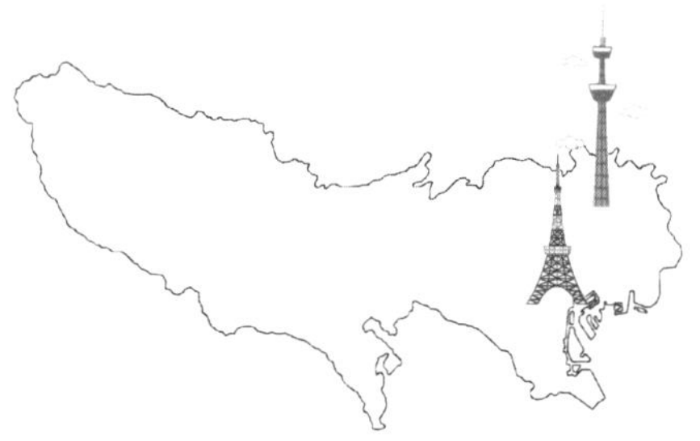

♪こんなお子さんの学習にも使えます♪

・この教材は、地図だけでなく、雨温図など複数の情報が一つの資料にまとめられているものに応用することができます。
・情報が多いと、どのようにみてよいか分からず混乱してしまう児童生徒が、必要な情報に着目したり、抽出したりできるようになるために、非常に有効な手だてとなる教材です。

社会②

地形表現を見やすくして、地図活用能力を育てる
地形図読み取りカード

対　象	●小学校中学年以上 ●地形図の読み取りに課題がある児童生徒
ねらい	◎地形図を読み取ることができる。 ○地形の特徴を理解する。 ○地図に慣れ、地図の活用能力を高める。
提　供	前・聴覚特別支援学校　藻利 國恵

教材の特徴

・地図の基本的な読み取りに課題がある児童生徒に対して、読み取りカードを用いることで地図上の色が、山地、平野、川海湖を意味していることを示します。
・地図を活用するとき、図のように２種類の読み取りカードを用意して、子どもが使いやすい方を選択します。そして、地図の近くに置き、対応させながら地形の特徴を理解できるようにします。

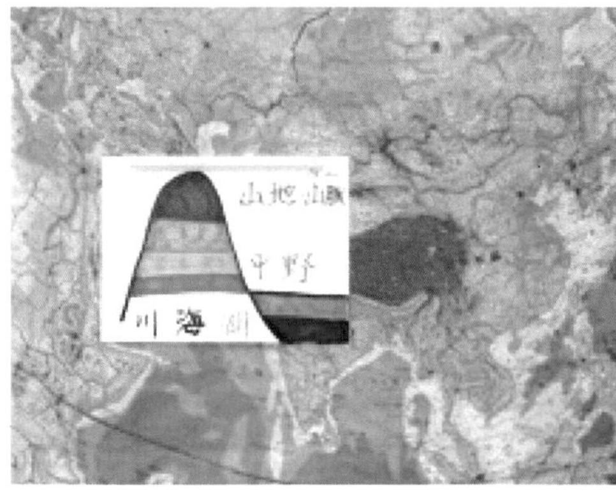

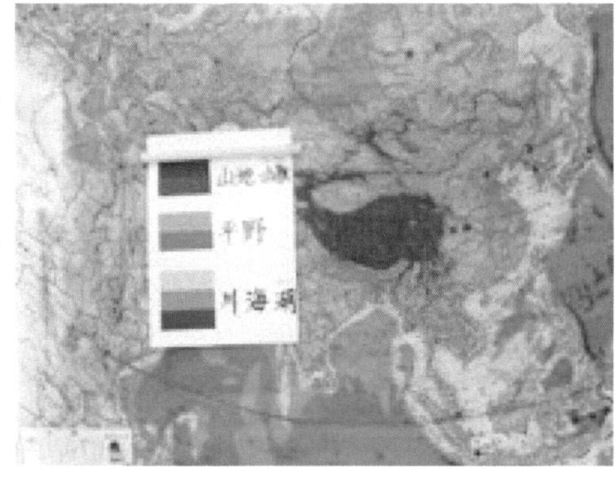

用意する物・材料について

・地形図
・マジック（茶色・薄茶色、緑・黄緑、空色・水色・青）

準備

・線画で横から見た陸と海を描きます。
・「地図の約束事」に添って、色の濃淡で陸の高さと海の深さを表します。
・陸の部分は、高低により山地（茶色・薄茶色）、平野（緑・黄緑）を４色に分けて塗り、海は、空色・水色・青の３色で深浅を表します。

使い方・実践例

①地図の活用の際は、毎回、方位や位置（地図のどこにあるか）を確認します。
②山地は茶色、平野は緑、河川は青色で表し、また、高低によって色の濃淡があることなど、「地形図の約束事」を確認します。
③地図を活用するとき、読み取りカードを地図の近くに置き、対応させながら地形図を見るようにします。

♪こんなお子さんの学習にも使えます♪

・３年生から４年生の社会科の多くの単元では、地図が扱われます。空間認識に課題がある子どもの中には、地図の読み取りが苦手な子どもがいます。特に、真上から見えるように描かれた地図を実際の地形にイメージすることに課題がある子どもの支援ツールとして、この地形図読み取りカードが活用できます。
・空間認識に課題がある子どもの中には、学習で扱っている国や都市の位置を指し示すことが難しい子どもがいます。その場合、下の図のように別の色の紙で国や県の形を切り抜いて地図上に貼ると、どこを見ればよいのかが分かりやすくなります。

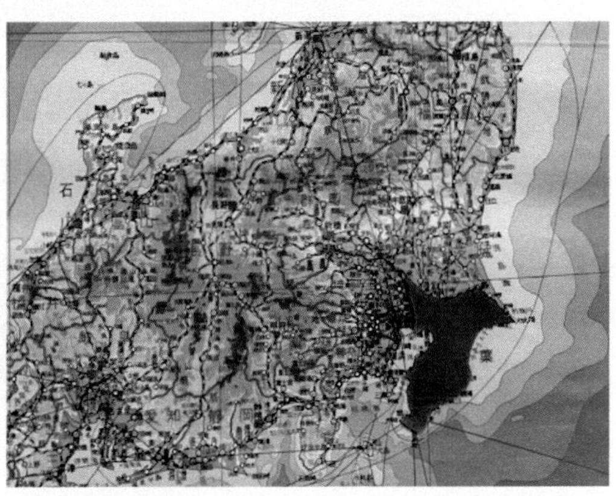

実物をイメージし、人々の思いを考えやすくする
大仏の手

対　象	●実物を見たことがない、経験したことがない事柄をイメージできにくい小学校高学年の児童
ねらい	◎手の大きさのイメージを持たせて、当時の人々の苦労や願いを考える。 ○大仏建立に対する自分の考えを伝える。 ○関連する言葉（巨大、建立、信仰等）について指導する。
提　供	聴覚特別支援学校　眞田 進夫

教材の特徴

・具体的な活動を通して、児童の思考を促すことが期待できます。

・巨大な手を作製する活動では、大きさだけでなく、当時の人々の思いをイメージしやすくしました。そのイメージを言葉にして、大仏建立の理由等に迫り、事象を抽象的にとらえる経験をさせたいと考えます。

・高さ約３m、幅２m（模造紙６枚分）の紙で作成しています。

・自分の手形を押すことにより、その巨大さが引き立ちます。また、皆の協力の気持ちも伝わります。

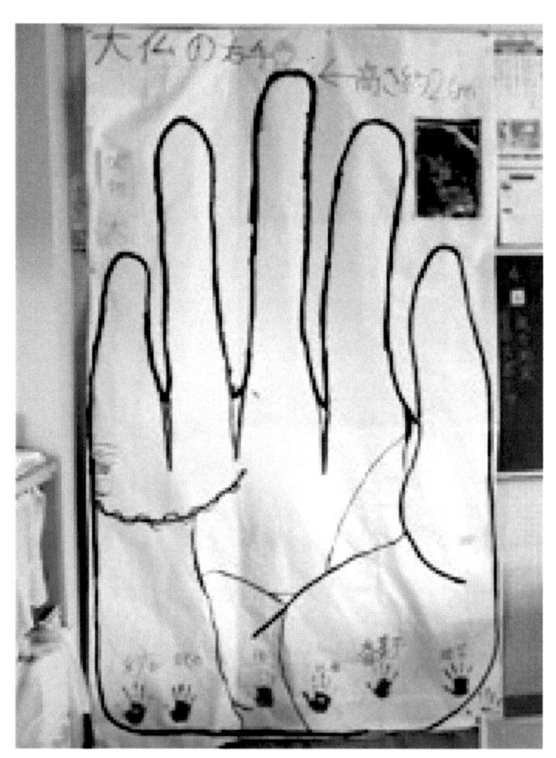

用意する物・材料について

・リサイクル紙（使用済み模造紙等）
・絵の具、筆
・自分たちの手形を押すための絵の具
・掲示するスペース
・全体像の画像（サイズ等を明記）

使い方・実践例

①実物大の手を作成後、子供たちに大仏の大きさを想像させます。
〈子どものコメント例〉
・「みんなで寝そべることができる」
・「教室の天井まで届く手だ」
・「手の平がこんなに大きいのだから体はもっと巨大だ」
②当時の社会情勢や人々の願いに迫ります。
・「どうやって造ったのかな。大変だったろうな」
・「なぜ大仏を建立したのだろう」
・「何日で完成したのかな」
・「いくらぐらいかかったかな」

※制作想像図、制作日数、のべ人数、費用等に加え、NHK for Schoolのクリップ（字幕付き）を補助教材として活用しています。
(https://www.nhk.or.jp/school/)

♪こんなお子さんの学習にも使えます♪

・疑似体験を活用することで、内容をイメージしやすく、意欲にもつながりお子さんの学習に有効です。
・手の平以外にも、実物大の顔を描いて天井いっぱいに貼るなど、実物大をイメージする取り組みが考えられます。
・古代から人類は政治的、宗教的な理由等で巨大建造物を制作しており、そのことを扱った教材も多くあります。例えば、国語科で、モアイ像を信仰し、制作する説明文の学習が考えられます。その際に教室に掲示された大仏の手を見ながら、人々の苦労と思いを振り返り、「大仏の時と似ているかな」などと関連付けながら、読みを深めることが可能になります。

社会④

学習の過程が視覚的に確認できる

ルールについての学習のためのアイテムカード

対　象	●公民の学習に臨む中学校、高等学校の生徒 ●音声のやりとりだけでイメージをつかむことが難しい生徒
ねらい	◎ルールに込められた意味と、ルールの必要性について考え、理解する。 ○ルールは私たちの権利や生活を守るためにあることを理解する。 ○ルールのあり方や、合意形成の重要性について考え、理解する。 ○実際にルールを作ってみることで、話し合いの重要性や政治の難しさを理解する。
提　供	聴覚特別支援学校　柴﨑 功士

教材の特徴

・多くの人が気持ちよく利用できる公園にするというコンセプトで、公園の設計や利用上のルール作りをします。

・合意形成を行う際、池、ベンチ、築山などの公園にあるアイテムカードを黒板に貼りながら、視覚的にわかりやすく自分の考えを説明したり、他者の話を聞いたりすることができます。

多くの人が気持ちよく利用できる公園の設計

用意する物・材料について

〈公園のレイアウトを考える際の教材として使用する、公園によくある物のアイテムカード〉

・池　　　　・トイレ
・ベンチ　　・遊具
・築山　など

〈その他、自分たちが設計した公園のアイテムを作るための道具〉

・白紙のカード　　・はさみ
・ラミネートフィルム　　・マグネットシート
・両面テープ

使い方・実践例

①グループに分かれて、それぞれ「多くの人が気持ちよく利用できる公園」にするというコンセプトで、公園の設計と利用上のルール作りに取り組みます。
②公園の輪郭と通路だけの白地図に、後ろにマグネットが貼ってあるアイテムカードを配置して公園の設計を行います。
③遊具等の配置によって、事故やトラブルが生じたり、不便が生じたりすることに気づかせます。その場合どのような配慮やルールが必要かなどを考えながら作業を進めます。

♪こんなお子さんの学習にも使えます♪

・築山、東屋など、意図的に生徒が馴染みのない名前に触れることができるなど、語彙獲得の手助けとしても使用できます。
・扱うアイテムなどにより、幅広い年齢層で活用できます。
・年齢の低い子どもでは、ホワイトボードにアイテムカードを貼り付けたり、マジックで人物等を書き加えたりして、自分がイメージする公園をつくることができます。
・公園以外にもさまざまな公共施設の設計等が想定できます。
・自分たちの身近な生活場面を想定した取組は、ルールに気づいたり、ルールが自分たちの権利や生活を守るためにあることを学んだりするのに有効です。

Column 5

聞こえにくさにおける学習困難と学びやすさ

聴力が正常域であるにもかかわらず、聞き取りに課題がある子どもたちがいます。そして、その聞き取りの課題は様々です。

例えば、

・聞き間違いや聞き返しが多い。

・グループ活動など、たくさんの人が話していると聞き取れない。

・話し合いで急に話し始められると、話の始めがわかりにくい。

・机やいすの音がうるさくて、話が聞き取れない。

・給食時のおしゃべりが、聞き取りにくい。

・板書をしながらの説明が、聞き取りにくい。

・聞いたことをおぼえられない。

・話し手に注意が向けられない、など。

一人一人の子どもが、どのような場面で聞き取りにくさを感じているのか、その場面や状況のエピソードを集約することが子どもの実態を把握するために大切です。

> ～子どもの聞こえに関するエピソード～
>
> ・「佐藤」を「加藤」など、似た言葉を聞き間違えることがある。
>
> ・「4（し）、7（しち）」など、数字の聞き間違いが多い。
>
> ・話し手に耳を近づけて聞こうとする。

聞き取りに課題がある子どもの指導・支援を考える際、次の４つの視点が参考になります。

> ～指導・支援を考える際の４つの視点～
>
> ・聞きやすい環境づくり
>
> ・視覚的情報の提示と活用
>
> ・補聴機器等の利用
>
> ・聞く力の向上

～聞きやすい環境づくりのために～

〈周囲の音環境を見直す〉

教室には、子どもたちの話し声、椅子や机を引きずる音、物を扱う音、扉の開閉、廊下・隣室の音、園庭・校庭の放送などさまざまな音があります。このような環境音が原因で集中して話を聞くことができない子どもがいます。そのような場合は、可能な限り雑音を軽減することも聞こえにくさのある子どもへの大切な支援になります。

〈学級における約束づくり〉

学級の中での約束づくりが、聞き取りに課題のある子どもの学びやすさにつながります。

～学級における約束づくり～

・静かになったら話し始める。
・聞くときは、体を話者に向ける。
・話を最後まで聞く。
・相手の話を遮らない。
・話者を見てから話し始める。　など

〈集団活動時の配慮〉

教室内の明るさや、黒板への光の当たり方などに気をつけたり、活動と説明を分ける、板書をしながら説明をしないなど、教師自身が説明や指示に心がけたりすることが、聞き取りに課題がある子どもへの配慮になります。

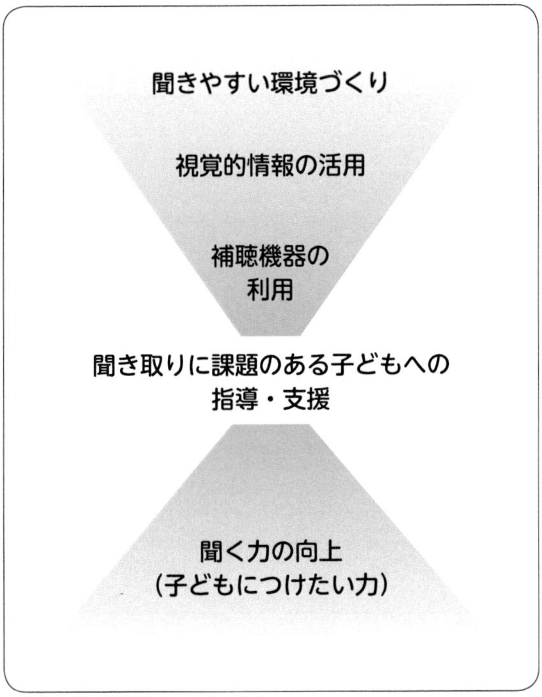

聞きやすい環境づくり

視覚的情報の活用

補聴機器の
利用

聞き取りに課題のある子どもへの
指導・支援

聞く力の向上
（子どもにつけたい力）

上記のようなさまざまな支援を行いながら、子どもの教育的ニーズを把握し、将来の自立と社会参加を見据えて、見る・聞く力を高めたり、視覚的情報を効果的に活用する力を習得したりする指導を行うことが必要です。

（鎌田 ルリ子）

英　語

英語①

書き始めがわかる、自分で書ける

４本線ワークシート

対　象	●読みにくいアルファベットを書いてしまう生徒
ねらい	◎線の長短や、向きなど、それぞれの字の特徴をとらえて、アルファベットを書くことができる。 ○自らアルファベットの書きはじめの位置を把握し、主体的に取り組むことができる。 ○書くことに対する苦手意識をなくし、それぞれのアルファベットの文字と音との関係について、楽しく学習を進めることができる。
提　供	桐が丘特別支援学校　高橋 佳菜子

教材の特徴

・大きめの４本線のワークシートを利用します。

・上から３本目の線を太く、あるいは赤で目立つようにして、基準の線として常に意識させるようにします。

・それぞれの文字を家に見立てて、地下に降りる (g、j、p、q、y)、１階まで (a、c、e、m、o)、中２階 (i)、２階まで (f、h、k) など、区別して書けるようにします。

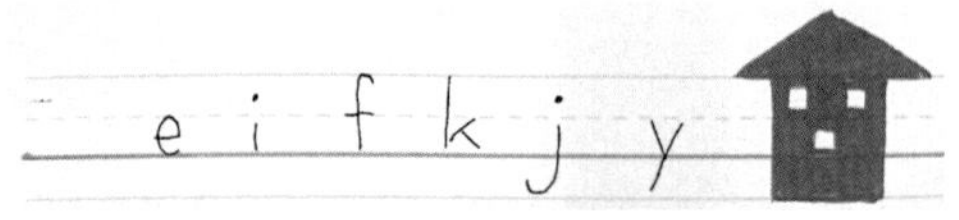

用意する物・材料について

・市販の４本線ノート又は、対象の生徒に合わせた大きさになるようパソコンで制作します。

・パソコンで制作する際には、上から３本目の線を赤や太字などで目立たせるようにしておきます。

使い方・実践例

①書く前に、まず空中に大きく腕を動かして手で動きを感じさせます。その後、机の上に指で書く動きを確認します。
②書くときに似ている動きをする文字と比較しながら、どこで曲げるか、方向はどうか、どこまで伸ばすかなど、違いを確かめます。
③大きめの４本線のワークシートを利用してアルファベットを書きます。上から３本目の線を太く、あるいは赤で目立つようにして、基準の線として常に意識させます。それぞれの文字を家に見立てて、地下に降りる (g、j、p、q、y)、１階まで (a、c、e、m、o)、中２階 (i)、２階まで (f、h、k) など区別します。
④書く練習をするときは必ず声を出すことを習慣づけ、文字と音を対応させます。

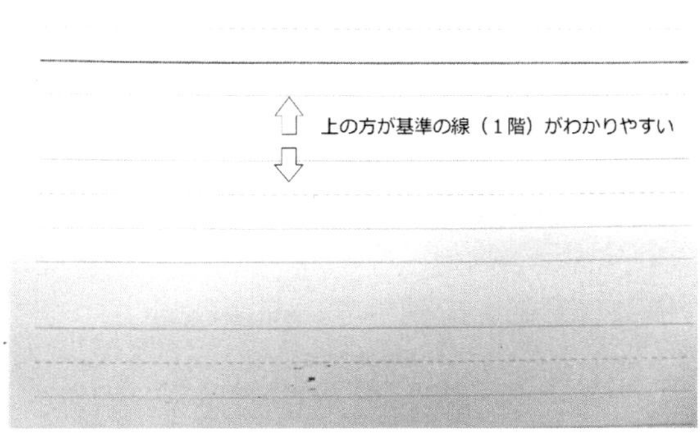

※基準となる赤い線があることにより、アルファベットを正確に書きやすくなります。

♪こんなお子さんの学習にも使えます♪

・英語を読んだり、書いたりする活動を行うためには、それぞれのアルファベットの形を捉えられることが大切です。
・書く活動においては、長さが違う（n と h など)、向きが違う（b と d、p と q など)、大文字と小文字の区別がつきにくい（k と K、s と S など)、形が似ている（i と l、m と n など）ために、混同してしまう生徒が少なくありません。
・書き始めの位置や線の曲がる位置、どこまで伸ばすかなどを家の階に見立てられるため、書いたり見直したりする際のポイントが分かり、自分で学習する意欲が増幅します。

英語②

見るべき、読むべきところがわかる
プレゼンテーションソフトの活用

対　象	●教科書や市販のプリントでは、どこに注目したらよいのか分からなくなってしまう生徒
ねらい	◎文字と音声を一致させながら、音読することができる。 ○教員の指示、注目すべき箇所や取り組むべきことを理解し、主体的に活動することができる。 ○場面の移り変わりを意識したり、段落の要旨をおさえたりしながら読むことができる。
提　供	桐が丘特別支援学校　高橋 佳菜子

教材の特徴

・PowerPoint、keynoteなどのプレゼンテーションソフトを使い、教科書やワークシートなどの様々な情報を分割して、提示します。
・物語の読み取りなどで使用する際には、場面や段落ごとに分けることが有効です。
・絵や写真などを入れることもできるため、文字と音声とイメージを結び付けることができます。

I play soccer.

（わたしはサッカーをします。）

用意する物・材料について

・PowerPoint や keynote などのプレゼンテーションソフト
・TV モニターやスクリーンなど

使い方・実践例

①スライドに示された英文(もしくは英単語)の音声提示をする。1単語ずつ、ゆっくりした速さで聞かせます。
②音声提示に続いて発音させます。
③①で提示した英文をより自然な形（語と語がくっついて聞こえるところや、強くまたは弱く読まれるところなどを目立たせて）で聞かせます。
④③の音声提示に続いて発音させます。
※ポイントや子どもの気づき、意見を、スライドに直接打ち込むこともできます。

♪こんなお子さんの学習にも使えます♪

英語を学習するにあたって、文字と音声を結び付ける活動は大変重要です。音読や音声に合わせて英文を目で追わせたいときに、目が泳いでいる子ども、先生の顔に注目してしまう子どもはいませんか？

・シンプルに提示するこの方法は、英語を読む・書く活動を始めたばかりの子どもに有効です。
・音読や CD などの音声を聞きながら、英文を目で追う方法が分かれば、家庭でも自分で学習を進めやすくなります。
・読み取りの活動においては、場面や段落などで分割して提示することができます。
・物語のあらすじや、文章全体が言わんとしていることを捉えることが苦手な子どもにも有効です。
・上に述べた使い方以外にも、英単語のフラッシュカード形式やクイズ形式にしたりして、子どもの注目を引きながら授業を進めることができます。

英語③

楽しみながら英単語を覚えることができる

英単語学習トランプ

対　象	●ある程度の英単語を学習した児童生徒 ●英語に対して苦手意識がある児童生徒
ねらい	◎英単語を覚えようという意欲を高める。 ○集中して取り組むことにより、英単語を効果的に学習させる。
提　供	聴覚特別支援学校　廣瀬 由美

教材の特徴

・トランプと同様、４枚１組のカードを作り、１グループ５～７名で、英語が得意な子も苦手な子も一緒に、ジジ抜きなどのゲームを楽しみながら、英単語を覚えることができます。

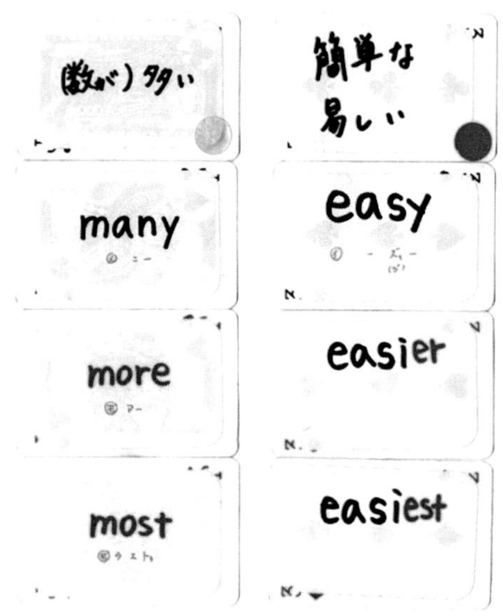

用意する物・材料について

・市販のトランプ（語数によって同じものを複数準備する）
・トランプより１回り小さいシール（英単語や意味を書いて、トランプの表面に貼る）
・分類用の丸シール（必要に応じて）
・単語を一覧にしたプリント

使い方・実践例

①例えば、以下のような４枚を１セットとしたトランプを準備します。枚数は、多くても 80 枚程度までがよいでしょう。

・形容詞・副詞の比較変化
　［意味（日本語）、原級、比較級、最上級の４枚１セット］
・動詞の変化形
　［意味（日本語）、原形、過去形、過去分詞の４枚１セット］
・代名詞の変化
　［主格、所有格、目的格、所有代名詞の４枚１セット］

②１グループ５～７名程度で、ジジ抜きなどのトランプゲームを行います。

③分類用の丸シールは、左ページの写真のように語尾の変化があるものには赤、不規則に変化するものには金など色を決めて日本語のカードに貼ると英語が苦手な子どものヒントになり、楽しみやすくなります。

④単語の一覧をプリントにしておいて、ゲームの前後に練習時間を設けると、単語を覚える効果がより高まります。

⑤単語を選ぶ際は、ワークで使われやすいものを選ぶと学習がスムーズになります。また、規則的に変化するものを半分、語尾の変化があるものをそれぞれ１～２個ずつ、不規則変化するものをいくつかというようにバランスを考えながら選ぶとよいでしょう。習熟度の低い子どもが多い場合は規則変化のもの、習熟度が高い子どもが多い場合は不規則変化のものを中心にするなど、対象者の状況によって選び方を工夫するとよいと思います。

♪こんなお子さんの学習にも使えます♪

・厚紙で作ることもできますが、トランプにシールを貼って作れば角を丸めたりする必要がありません。
・英語が非常に苦手な子どもの場合は、トランプの記号も参考にしながらゲームをすることができます。
・初めは記号を頼りにゲームをしている場合でもゲームに慣れていくうちに英単語をしっかり覚えて、捨てるべきカードを見落とさずに捨てようという気持ちになっていくので心配せず、楽しんでもらえればと思います。
・小規模校で異学年の子どもを一緒に学習させる場合などにも効果的に使うことができます。

Column 6

理解しにくさのある子どもの学習困難と手だて

筑波大学附属大塚特別支援学校は知的障害のある子どもたちのための教育と研究、および特別支援学校の教員を目指す学生のための教育実習を行うことを目的に設立されました。

毎年、秋になると筑波大学をはじめさまざまな大学の学生が、本校で教育実習に励んでいます。附属学校の教員は、実習生たちの指導教員として学生と共に授業づくりに取り組んでいく中で、知的障害教育における大切なことを学生の皆さんに伝えていきます。私自身もこれまでにたくさんの学生の皆さんと関わり、自分が教員としてこれまでに学んだこと、経験したこと、大事にしてきたことを少しでも伝えられるようにと実習生の指導に取り組んできました。

本校の子どもたちは知的障害のある子どもたちですから、多かれ少なかれ「理解しにくさのある子どもたち」です。したがって、その子どもたちにどうすれば授業の内容を「理解しやすく（分かりやすく）」伝えられるか、ということが大切になってきます。私は学生たちに、以下の三つのことを「知的障害教育のポイント」として必ず伝えるようにしています。

～知的障害教育の３つの point ～

1．簡潔であること

2．目で見てわかること（可視化）

3．繰り返し

1、簡潔であること

一生懸命ことばを尽くして説明すればするほど、子どもは混乱してしまうという経験は皆さんあるのではないかと思います。大切なポイント（「その時間がんばること」「大事な約束」等）を絞り込み（最大３つまで）、キーワードを挙げ、できるだけ伝えたい内容を『簡潔にする』ことを心がけます。

2、目で見てわかること（可視化）

物の名前は分からなくても、実物や写真や絵カードを示せば、「ああ、あれのことか！」と子どもたちは分かります。ことばで説明するよりも実演したり、ビデオを見せたりする方が、子どもたちは一瞬で、何をしたらよいかを理解できることもよくあるでしょう。このように伝えたいことを『可視化する』というのは、視覚優位とよく言われる自閉症の子どもたちに大事なのはもちろん、他の知的障害のある子どもたちにも大変有効です。

3、繰り返し

知的障害のあるこどもたちは、ゆっくりと時間をかけて、少しずつ、しかし着実に成長していきます。そこで大切なことが『繰り返し』です。学習の内容をその時間だけで終わらせてしまうのではなく、何度も繰り返し、繰り返し取り組むことによって、試行錯誤を重ね、自分なりの見通しを持ち、子どもたちはゆっくりと理解を深めていきます。その時間内に繰り返し取り組ませるだけでなく、学期、年間を通してその活動を何度も繰り返し取り組めるように、指導計画を立案するときにも意識してほしいのが『繰り返し』です。

以上のことは、ベテランの先生方にはとっては当たり前すぎるほど当たり前なことかもしれません。しかし、これから教員になる学生たちには、授業の中だけでなく普段の子どもとの関わりの中でも常に意識していけるように、そして、私が自分自身を振り返るためにも、私は言葉にして学生に伝えるようにしています。附属大塚で実習をした学生の中には、もしかしたら知的障害の特別支援学校ではなく、他障害の特別支援学校や普通校の教員になる人もいるかもしれません。しかし、この「知的障害教育の３つのポイント」は、他障害、ひいては通常学級の子どもたちにも広く通じるものなのではないだろうかと思っています。

（厚谷 秀宏）

体　育

体育①

何度も同じ打点で風船打ちの練習ができる

風船打ち練習機

対　象	●風船の動きに合わせて、素早く的確に打つことが難しい児童生徒 ●上肢にまひや不自由がある児童生徒
ねらい	◎打ちやすい打点・打法を見つけることができる。 ○いろいろな打点での打ち方を習得できる。 ○風船の位置や自分の動きを確認しながら打つことができる。
提　供	桐が丘特別支援学校　池田 仁

教材の特徴

・指導者が風船を手で投げたり、打ったりしなくても、正確に上げたい位置に風船を上げることができます。

・何度も同じ位置に風船をポジショニングすることができるので、苦手な動きを繰り返し練習することができます。

・風船の位置を固定したりゆっくり動かすことができるので、児童生徒も自分の動きを確認することができます。

用意する物・材料について

・棒（２m程度の長さで風船の動きをコントロールしやすくするため曲がらない材質のものがよい（写真は竹を使用））
・風船と棒をつなぐ1.2m程度の紐(細く丈夫で目立たなく、少し重さのあるものがよい)
・風船(児童生徒が見やすい赤や青などの目立つ色か児童生徒の好きな色を選ぶとよい)

使い方・実践例

①竿の先についている風船を、児童生徒の打ちやすい（適切な）打点に位置します。
②ゆっくりと動作を確認しながら、自分にあった打法を繰り返し練習します。
③必要に応じて（実践に即した練習のために)、打点を上下左右にずらして打つ練習を行います。
※風船を打った瞬間に少し紐を緩めると、風船に紐がない状態に近い形で飛んでいきます。また、写真のように、児童生徒の目の前はできるだけ何もない白い壁で、児童生徒の後方から竿を出すと、風船が見やすくなります。

♪こんなお子さんの学習にも使えます♪

・不自由さがある児童生徒だけではなく、なかなか風船を的確に捉えて打つことができなかったり、動いている風船を見ることが難しいお子さんにも、止まっている風船を打つ練習から始められるため、落ち着いて風船を確認しながら打つ練習ができます。
・適切な打点に風船を固定して打つことができたら、次は少しずつ風船に動きを取り入れながら練習をしていくなど、段階的に練習することが可能なので、児童生徒が動作を丁寧に確認しながら自信を持って練習することができます。
・この動きを習得した後に、風船バレー（右の QR コード）を行うと、授業がより効果的に行えます。また、風船の代わりにバドミントンのシャトルを用いると、シャトル打ち練習にもなります。

体育②

繰り返し練習することにより、自然に技術が身につく

ジャベリックスロー練習紐

対　象	●視覚に障害のある児童生徒
ねらい	◎特殊な投擲競技である「ジャベリックスロー」技術の獲得 ○視覚に障がいのある児童生徒の苦手とされる「投擲角度」の習得
提　供	視覚特別支援学校　原田 清生

教材の特徴

- 視覚による模倣学習や投擲物の軌道が確認しづらい視覚に障害のある児童生徒に、ジャベリックスローの技術や投擲角度などを経験的に学ばせるための補助的教材です。
- 投擲物が散乱しないので、少人数で練習に取り組むことができます。
- 投擲物（筒にあたる部分）を工夫することによって、ソフトボール投げの練習にも応用できます。

※指導に当たっては、投げの姿勢に関する指導のポイントを押さえておくことが必要です。

用意する物・材料について

〈ロープの素材〉

・比較的滑りがよいもの

・投擲物との接触によって音を発する素材のもの

・屋外で使用するので、紫外線や雨等で劣化しにくい素材のもの

〈筒（ターボジャブの持ち手に似たもの）の素材〉

・できるだけ実物に近い形状のもの

使い方・実践例

①斜め上方に張ったロープに通した筒を持って投げます。

②この時、補助者はロープの低い方の端を持ち、投擲者の肘の位置が下がらないよう留意してロープを引っ張ります。

③ロープの斜度は、投擲物によって適した角度に変化させます。

④ロープが見えづらいとけがにつながることがあるので、できればコントラストがはっきりして、見やすい色の物を選ぶなど、安全面での工夫が必要です。

⑤ロープの両端を固定すれば、動作の補助をしながらの指導が可能です。

♪こんなお子さんの学習にも使えます♪

・投擲物（筒にあたる部分）を工夫することにより、ジャベリックスローだけでなく、ソフトボール投げや他の投擲教材の練習に生かすことが可能です。

・視覚障害の児童生徒以外にも使える点としては、知的障害の児童生徒の場合も、動作模倣や身体の協応動作が難しい場合には、有効に活用できます。

・自然な形で投げる姿勢や動きを伝えられるので、教える側にとってもよい教材です。

・実践に近い感覚で投げる事ができると思います。

体育③

投げる動作を身につける

キャップバッグ

対　象	●ボールを投げる経験がほとんどない視覚に障害のある児童 ●小学部
ねらい	◎投げる運動、投げ方の習得（初めての段階、修正の段階、遠くに投げる段階において） ○身体の各部位に乗せたり、とばしたり、多様な動き方を体感する。
提　供	視覚特別支援学校　中村 里津子

教材の特徴

・落としたり当たったりすると音がします。

・遠くに転がっていきません。

・適度の重みがあり、つかみやすく、手や足など体の部位に乗せやすい形態です。

・材料を入手しやすく作成しやすいです。

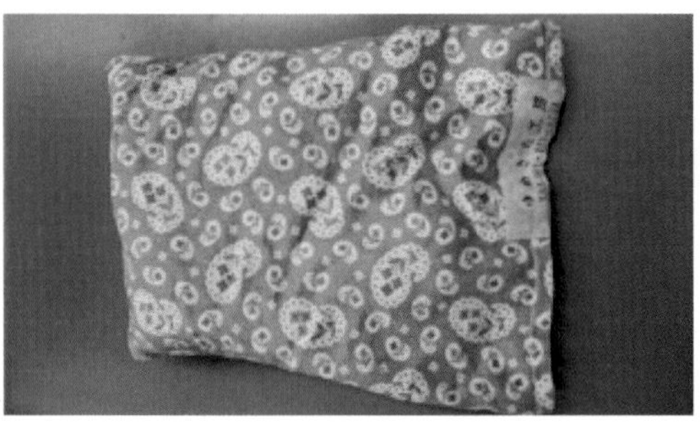

用意する物・材料について

・ペットボトルのキャップ 35 個

・20cm × 15cm の布袋

準備

・ペットボトルのキャップを布袋に入れます。
※実際に使用してみて使いやすい大きさ・重さです。
・女子栄養大学教授金子嘉徳氏（保健学博士）が 1994 年にペットボトルキャップのリサイクルを目的に考案した運動用具です。埼玉県坂戸市と女子栄養大学との健康づくり協定により、精神障害者小規模作業所「ゆめきた工房」が製作販売していました。
※関連する教材：鈴入りボール

使い方・実践例

体育や自立活動の授業において、「投げる」という動作を学習する際に、キャップバッグを大きく振り被って投げることで肩・腕・手の動きを体感することができます。

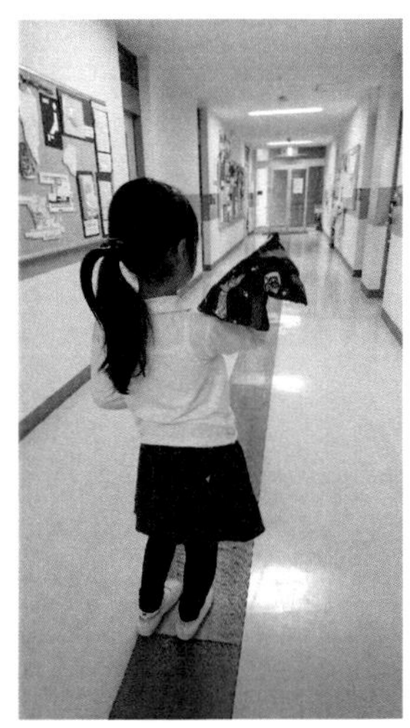

♪こんなお子さんの学習にも使えます♪

・ボールを投げることが苦手な児童への指導において、投げ方、投げる方向、遠くに投げることなどを体感させることができます。
・どこに落ちたか、どこに当たったかを音で捉えることができるので、壁やブロックなど３次元空間の的当てにおいて、上方の空間へ投げる練習が可能です。
・落下した際に遠くへ転がっていかないので、発見しやすく、何度も繰り返し練習できます。
・適度の重みがあるので腕の振りに合わせて手から離しやすく、握る力が弱い児童でも簡単に投げることができます。
・頭の上に載せてバランスをとりながら歩く、足の甲に載せて蹴り上げるなど、いろいろな身体部位に載せることで、ボディイメージやバランス感覚を養うことができます。

体育④

ゴールの位置を見て、攻める方向を捉えやすくすることができる

ブルーシート貼付ゴール

対　象	●どちらのゴールに攻めたらよいのかを見て捉えることが難しい児童生徒
ねらい	○ゴール方向へボールを運びやすくなる。 ○パスを受けるために、ボール保持者とゴールの間に位置しやすくなる。
提　供	桐が丘特別支援学校　佐々木 高一・畠山 綾香

教材の特徴

・ゴールは、網状になっており、背景と一体化して見えにくいことがあるので、コートを動きまわるなかで、ゴールの位置を瞬間的に見て捉えやすいよう、ブルーシートで強調しています。

用意する物・材料について

・ブルーシート
・青い養生テープ

準備

・全体をブルーシートで覆うと、陰になって暗くなってしまうため、ゴールの背面にのみブルーシートを貼り、枠に青い養生テープを貼ります。

使い方・実践例

①右の写真のように、ゴールにブルーシートをつけることで、体育館の壁面と色の差がつき、ゴールの位置を見て捉えやすくなります。

②サッカーやハンドボールといった球技の体育授業で使用します。

※青色には、体育館で見えやすく、気持ちを落ち着かせる効果が期待されます。

♪こんなお子さんの学習にも使えます♪

・ブルーシートを張り付ける場所をゴールの隅やサイドネットにし、そこを目掛けてシュートを打つようにします。
・シュートがゴールに入り、かつブルーシートに当てることができれば、得点を2点にする等のルールを追加していきます。
・ねらったところにシュートする技能を高めることにつながります。

Column 7

動きにくさのある子どもの学習困難と手だて

1、動きにくいってどういうことだろう？

「動きにくさがある＝車いすに乗っている」というのは、主に移動に関わって動きにくさがあるという状態像ですが、車いすでの移動に限定して「動きにくさ」を考えてみてもその中身は人によってずいぶんと違います。自分で車いすを操作して移動する、電動操作により自分で移動する、介助者のサポートにより車いすで移動するというように、車いすユーザーだけでもさまざまな状況がみられますし、車いす以外の移動を考えてみても、歩行に杖をついている人もいれば、歩行にぎこちなさはあっても杖や車いすを使用しない人もいます。また、動きにくさには、手足や体にまひがあることや、病気やけがによる欠損、何らかの理由により身体の全体に対してバランスが悪く機能的に動作がしづらい等が考えられますが、全身のさまざまなところにこうした状況がある人もいれば、片足だけ、片腕だけという人、ちょっと見ただけではまひなどがあるとは感じられない人もいます。要するに「動きにくさ」は一人一人によってだいぶ違います。

（1）体や手・腕、足などを自分が思うように動かしにくい

立つ・座る・寝る・姿勢を保つ、移動するなど、生活を営む上でさまざまな動作に支障がでるため、行動することに時間がかかったり、一つ一つの行為に労力や負担感が生じたりしやすいといえます。また、なかには自分で寝返りができない、つばを飲み込むことや食べる・飲むという動作が難しいという人もいます。

（2）動きにくさは手足や体の動作だけにあらわれるのではない

動きにくさがある人のなかには、ものの見え方においてそれがあらわれることもあります。視力に問題があるわけではないのに、周囲の景色や掲示板などの文字や文章をしっかりと見ることが苦手、文章を読むときに途中で一行読み飛ばしてしまうという人は少なくありません。また、こうした現象と関連して、事物を適切な位置に置くことが難しい、バランスが悪い字を書く、紙に文を書くときにまっすぐに書けない、解答用紙の枠から答えがはみ出てしまうといったことに困っている人もいます。

2、なぜこのようなことが起きるのか

まずは、手足や手足の動作そのものが難しいということ、それに伴って目に見えるものに動作がうまく協調して機能しないということもあります。また、目の動き自体に動きにくさを抱えていることもあります。このほかには、目に見えたものを脳で処理する際、見えている状態像を認識する機能に問題を抱えている場合や複数の事物・現象を頭の中で適切に把握するということに問題を抱える人もいます。そのため、実体験をともなう経験を積み重ねる機会に乏しいという様子もみられます。

こうした複数の要因が関係しあうことで、スムーズに行動ができない、上手に文字や文が書けないなどの現象を生み出すと考えられます。

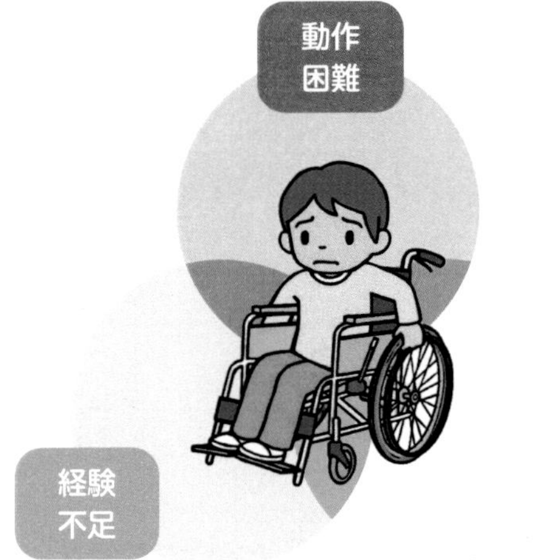

図１　動きにくさがもたらす困難の背景

3、動きにくさがある子どもと学ぶために

動きにくさがある子どもが物事に取り組むには時間がかかります。そのため、時間的余裕を考慮した計画を立てることが大切です。まずは、学習内容の要素を分析･細分化して、子どもが学習目標を達成するために必要な要素を取り出し、それに重点をおいて、なおかつ実体験をともなう経験的な学習を一つずつ行わせることが重要です。例えば、外出するためには、自分はどのような手段で移動するのか・交通機関を使用するのか、途中の道でバリアはないのかを把握するなど、事前に把握することや選択することはいくつもあります。そのため、必要に応じて外出のための外出の学習も必要な事項といえます。

子どもが実感をもって具体的にイメージをもち、自分の思いや考えをもって学習に取り組むための環境づくりを検討することが、動きにくさがある子どもと学ぶためには重要といえます。

（加藤 隆芳）

コラム7

音　楽

音楽①

歌詞の内容を理解しながら、楽しく歌を聴くことができる

『おばけなんてないさ』を聴こう、表現しよう

対　象	●歌詞を聴いて理解することが難しい児童生徒 ●知的障害や自閉症のある児童生徒など
ねらい	◎歌詞の内容を表した映像や具体物の操作を見ながら歌を聴くことで、歌詞の内容を理解し、楽しく歌を鑑賞する。
提　供	久里浜特別支援学校　工藤 久美

教材の特徴

・パワーポイントのスライドを見て、楽しみながらおばけの動きを見たり、提示された歌詞を読んだりすることができます。

・『おばけなんてないさ』の２番の歌詞である「おばけを冷蔵庫に入れてカチカチにしちゃおう」を、実演しながら歌って聴かせることで、児童生徒も実際におばけの模型を段ボール製の冷蔵庫に入れて楽しむことができます。

・歌詞の内容を模擬体験することを楽しむこともできます。

パワーポイントのスライド

おばけを入れる段ボール製の冷蔵庫

用意する物・材料について

・段ボール２つ
・木製のドアノブ
・段ボールのドアを閉まるようにするための小さなマグネット

使い方・実践例

①パワーポイントのスライドで動くおばけを見せながら、スライドホイッスルの音を聴かせて、おばけの登場に気付かせるようにします。
②パワーポイントのスライドに、「お」「ば」「け」と一文字ずつ提示し、合図に合わせてみんなで「お・ば・け」と言い、これから「おばけなんてないさ」の歌に取り組むことを意識させます。
③ステージに段ボール製の冷蔵庫を置いた後、児童におばけの模型を配り、歌に合わせて模型を動かしながら聴いたり、歌ったりすることができるようにします。
④２番の歌詞である「おばけを冷蔵庫に入れてカチカチにしちゃおう」の部分では、ピアノ伴奏で間奏を入れて、児童がおばけの模型を段ボール製の冷蔵庫に入れることができるようにします。
⑤児童が持っていたおばけの模型が全て段ボール製の冷蔵庫に入ったら、続きの歌を歌うようにします。
⑥歌詞の内容に合わせておばけの模型を操作することを、児童を一緒に先生も楽しみながら取り組むことで、歌詞の面白さを感じながら歌に親しむことができるようにします。

♪こんなお子さんの学習にも使えます♪

・発声したり、歌ったりすることが難しくても、歌詞の内容を理解しながら楽しく聴くことができます。
・全身で身体表現することが難しくても、歌を聴きながら、おばけの模型を持って動かすことで、具体物を操作して感じたことを表現することができます。

音楽②

五線譜は読めなくても鍵盤楽器が弾ける
有音程打楽器、キーボードを演奏するための簡易楽譜

対　象	●知的障害のある児童生徒 ●五線譜は難しいが、色や平仮名やカタカナが分かる児童生徒
ねらい	◎色や文字を手がかりに、かんたんなメロディーを弾くことができる。 ○耳で覚えた音楽や歌の歌詞を手がかりに、音を選び、鳴らすことができる。
提　供	東京福祉大学　工藤 傑史 （前・大塚特別支援学校）

教材の特徴

・絵譜から五線譜への移行段階の知的障害のある児童生徒が、ドレミの音名（もしくは階名）やそれに代わる音の色で楽器（有音程楽器や鍵盤楽器）を演奏することができます。

・音の長さについても視覚的に分かりやすく示しています。

・知的障害のある児童生徒の多くは耳から歌を覚える場合が多いことから、歌詞も手がかりになるよう書き加えています。

・この簡易楽譜を使うことで、五線譜への移行もスムーズになります。

十二月のうた

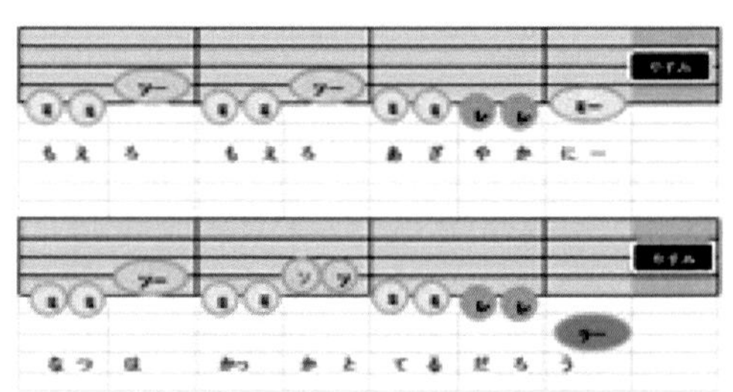

（文科省☆４の教科書より『十二月のうた』一部を掲載）

用意する物・材料について

・パソコンでエクセルを活用し、簡易楽譜を作成します。音階の色については、メーカーによって多少色が違う場合があるので、使う楽器の色に沿いながら、決めていくようにします。例示では、スズキ楽器の「ベルハーモニー」の色を採用しています。

・音名と歌詞が混同しないようにはっきり区別し、音名は黒色でカタカナ、歌詞は茶色の平仮名で示しました。各段のスペースを十分に確保し、見やすい楽譜に仕上げることが大切です。

使い方・実践例

①音名を記した色シールを楽器に貼り付け、楽譜と対応させるようにします。

②演奏の際は、今どこを演奏しているのかを経過的に指し示すようにすると楽譜を追えるようになります。

③例示では、一つの楽譜の中に、色音符の情報、音名の情報、音の長さの情報、歌詞の情報、休符の情報などが組み込まれていますが、対象児の実態によって、あるいは活動の目的との関係で、情報を整理することも必要です。

④楽譜はあくまでも演奏を可能にするための教材であり、楽譜通りに演奏できるようになることが最終目的ではないことを忘れないようにしましょう。

♪こんなお子さんの学習にも使えます♪

・この楽譜は、まだ文字が読めない段階でも、色の弁別ができたり、「長い、短い」の理解ができたりする児童生徒であれば活用することができます。音楽の場合は、実際に演奏できたことが、さらに演奏したいという欲求や豊かな表現につながります。

・「音楽」で扱う音は、実際に目には見えない上に、一つの時間軸の中で表現されるものなので、楽譜によって初めて全体の視覚化が図られることになります。知的障害のある児童生徒の場合、視覚化されることで理解が進む場合が多いので、音楽の構造を分かりやすく視覚化していくことが大切になります。視覚化、文字化を上手に取り入れながら授業づくりをしていきましょう。

音楽③

めくることで歌あそびに参加ができる

歌紙芝居

対　象	●知的障害のある幼児児童 ●発話が少ない、または不明瞭な幼児児童
ねらい	◎歌あそびに主体的に参加する。 ○紙芝居を見たり操作したりすることで、歌の内容や曲の流れを知る。 ○集団の歌あそびで、役割を担う。
提　供	大塚特別支援学校　若井 広太郎

教材の特徴

・発話が少ない、または不明瞭な幼児児童も、紙芝居を見たり、操作したりすることで、主体的に歌あそびに参加することができます。

・紙芝居を選んで教員に伴奏を依頼するなど、教員や友だちとやりとりをするための手段としても活用できます。

・集団で歌あそびをする際に、紙芝居を準備する、めくる、片付けるなどの役割活動を設定することもできます。

用意する物・材料について

・幼児児童が操作しやすい大きさのクリアファイルブック
・ポケットに入るサイズの用紙（数枚）
・歌詞に合わせて用紙に絵を描きます。
・また別の用紙には歌詞を書きます。
・紙芝居の要領で、絵と歌詞を表裏に合わせ、クリアファイルブックのポケットに入れて完成です。また、表（絵）と裏（歌詞）を合わせてラミネート加工をし、リングで留めて紙芝居にすることもできます。

使い方・実践例

あつまりの「歌あそび」や「表現あそび」等の時間に活用します。

①歌紙芝居、紙芝居の台の準備をします。
②好きな歌紙芝居を選びます。
③教員に伴奏の依頼をします（「ピアノ、お願いします」）。
④歌に合わせて紙芝居をめくります。
⑤歌を歌ったり、身体で表現したりします。
⑥歌紙芝居・紙芝居の台の片付けをします。

♪こんなお子さんの学習にも使えます♪

・歌の内容が紙芝居になっているため、初めて歌を聴く子どもにとっても、歌詞の中身や曲の流れを理解するための手がかりになります。そのため、交流及び共同学習などでも活用しています。
・交流先の幼稚園や保育園、小学校の子どもたちと歌あそびをする際に、歌紙芝居を使い、特別支援学校の子どもたちがリードをしながら、一緒に歌を歌ったり身体を動かしたりして楽しむ様子が見られます。

音楽④

リコーダーの穴(音孔)をふさぎやすくして演奏できる

リコーダー補助用クッション

対　象	●リコーダーの穴（音孔）をうまくふさぐことができない児童生徒 ●手指をスムーズに動かすことが難しい児童生徒
ねらい	◎リコーダーの基本的な奏法を身に付ける。 ○穴（音孔）をふさぎやすくすることで、演奏の仕方に意識を向けて吹くことができる。
提　供	桐が丘特別支援学校　原 怜子

教材の特徴

・クッションを付けることにより、穴（音孔）がふさぎやすくなります。

・穴をふさぐことによって息がもれにくくなり、音が出しやすくなります。

・手指の感覚を持ちにくい児童生徒も、クッションを押さえることで、押さえる意識が高まります。

・ソプラノ、アルトリコーダー共に使用できます。

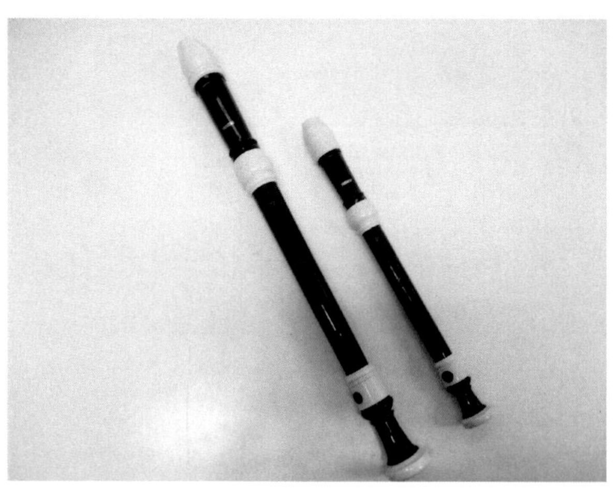

用意する物・材料について

- 手芸用穴あけポンチ（2mm ～7mm）
- 衝撃吸収粘着ソフトクッション（ウレタンスポンジタイプ）
- かなづち

※参考）商品名「ふえピタ」：アイデア・パーク
インターネット等で購入できる、半透明の滑りにくい素材でできているシールです。購入後、そのままリコーダーに貼ることができます（現在ソプラノリコーダーのみ対応）。

使い方・実践例

①手芸用ミニポンチとかなづちを使用して、ソフトクッションに穴を開けます。リコーダーの穴（音孔）の大きさが異なるので、注意して開けます。
②台紙からはがして、ソフトクッションを貼ります。ずれると音が変わったり、出しにくくなったりする可能性があるので、使用の都度確認します。

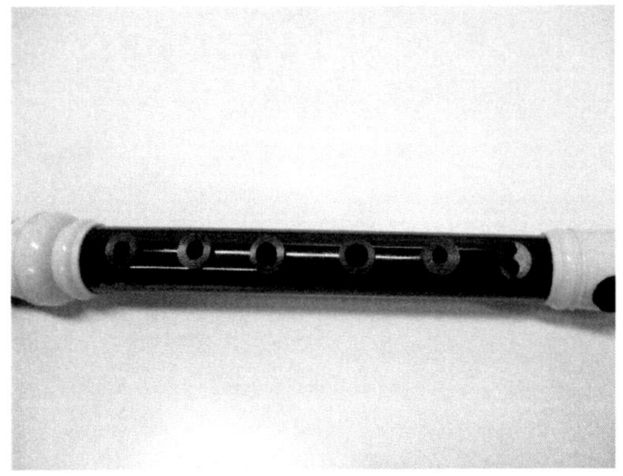

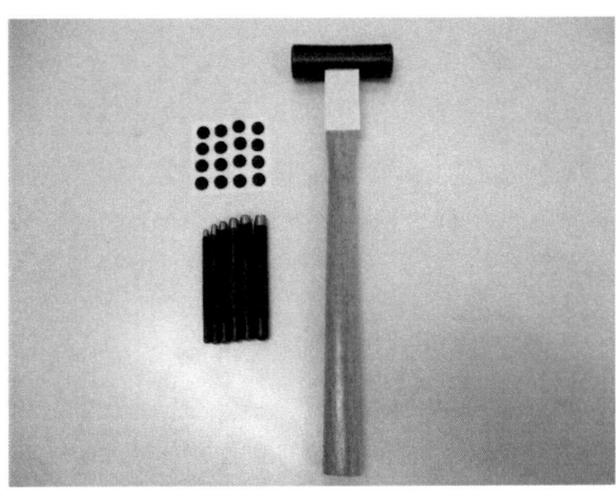

♪こんなお子さんの学習にも使えます♪

- ソフトクッションを貼ることで、手指に不自由がないお子さんも押さえやすくなります。
- 手指がスムーズに動かせなかったり、指が穴（音孔）に届きにくかったりするお子さんには特に有効です。
- 多くの中学校で音楽科の指導に用いられるアルトリコーダーは、ソプラノリコーダーに比べて楽器が大きく、手指が届きにくかったり、息が続かなかったりすることが考えられます。その際に使用することで、「穴（音孔）をふさぐことだけに意識を向け続けなければならない」という負担を減らすことができます。

※国立特別支援教育総合研究所、特別支援教育教材・教具展示会入賞作品を参考に作成。

Column 8

理解のしにくさ・見通しのもちにくさのある子どもの学習困難と手だて（発達障害のある子どもたちへの支援を中心に）

1、子どもの困難さの一例

発達障害や知的障害のある子どもたちは、複雑な社会の仕組みやルール、人との関係性などを理解しづらかったり、人の感情を読み取ることが難しかったりします。また、言葉を聞いて理解することが苦手であったり、自分のしたいことや思っていることなどをうまく相手に伝えることが苦手であったりします。さらに、光や音などを強く感じる、逆に暑さや寒さ、痛みなどを感じにくいなど、視覚や聴覚、触覚、味覚など、さまざまな感覚に過敏さや鈍感さなどがあったりします。他にも、周りの環境が変わることや、次の行動や活動への見通しをもてないことに対して不安を感じたり、臨機応変に対応したりすることが苦手であったりすることがあります。このように、子どもたちが抱える困難さはさまざまであり、一人一人、異なります。

2、教材・指導法を考えていく上で大切にしたいこと

（1）目で見てわかること

時間や空間、活動の順序や手順、人の表情や感情、社会の仕組みやルールなど、子どもたちにとって分かりづらい情報を、目で見て捉えることができるように形を変えたり、整理したりすることで、理解しやすくなります。本書や教材・指導法データベースに掲載されている教材の中にも、目で見て捉えられる形に情報の形を変えて、理解を促せるように工夫されたものが数多くあります。また、子どもたちに説明などをする際も、言葉での説明とともに、実物、写真、動画など、目で見て捉えられる情報を一緒に提示することで、より伝わりやすくなります。教室のレイアウトや教材なども、一目見て、何をする場所なのか、何を求められているのかなどが分かれば、自ら理解し、自発的に活動や学習に取り組む助けとなります。

時間の視覚化

活動の順序や予定などの視覚化例

（2）好きなこと（興味・関心）を活かすこと

子どもたちが好きなもの、興味をもって取り組んでいること、慣れ親しんでいるものを指導に取り入れることで、子どもたちが興味や安心感をもって、活動や学習に取り組むことができます。例えば、動物が好きであれば、好きな動物のフィギュアなどを教材に取り入れたり、好きな絵本や歌などがあれば、絵本のストーリーや挿絵、歌詞などをモチーフとした教材を作成したりして、指導に用いることは有効です。環境の変化が苦手であったり、こだわりが強く新しい事柄に興味をもちにくかったりする子どもたちも、好きなもの、興味のあることを基盤に授業を進めることで、集中して活動や学習に取り組んだり、安心感をもって、少しずつ新しいものや事柄に触れたり、チャレンジしたりすることができるように思います。

（3）感覚への配慮と働きかけ

発達障害のある子どもたちは、特定の刺激に過敏であったり、鈍感であったりすることがあり、落ちついて、集中して学習に臨めるように学習環境を整えることも大切です。例えば、光に過敏性のある子どもであれば、教室の明るさをカーテンなどで調整したり、聴覚に過敏性のある子どもに対しては、掛ける声のボリュームに配慮したり、イヤーマフやイヤホンなどを利用したりします。気が散りやすく集中の難しい子どもであれば、教室内の掲示物等を減らしたり、刺激になりそうな物を必要のない時は布で覆ったり、衝立を立てて周りからの刺激を受けづらくしたりすることなども有効でしょう。また、子どもの好きな色や音などを教材に取り入れるなど、好きな感覚刺激を教材や指導に活かすこともよいと思います。

（稲本 純子）

空間の視覚化（一目でわかる教室レイアウト例）

イヤーマフをして気持ちが落ち着く

コラム8

図工・美術、技術・家庭

図工・美術、技術・家庭①

筆洗器をもとに水彩絵の具の扱い方を定着させる

並列透明筆洗いバケツ

対　象	●水彩絵の具の扱い方が定着していない児童生徒 ●自分で姿勢変換等ができず、市販のものでは筆洗器の中が見えない児童生徒
ねらい	◎水彩絵の具の扱い方や手順を定着させる。 ○筆洗いバケツの基本的な使用方法を覚える。 ○筆洗いバケツの効率的な使用方法を覚える。 ○水替えのタイミングが自分でわかる。
提　供	桐が丘特別支援学校　鈴木 泉

教材の特徴

・透明かつ並列に並んでいるので、車いすに座っていても筆が洗えているか、水の汚れの程度も確認できます。
・水彩絵の具の扱い方を覚えやすいように手順や作業を可視化、単純化しています。
・安くて簡単にできます。

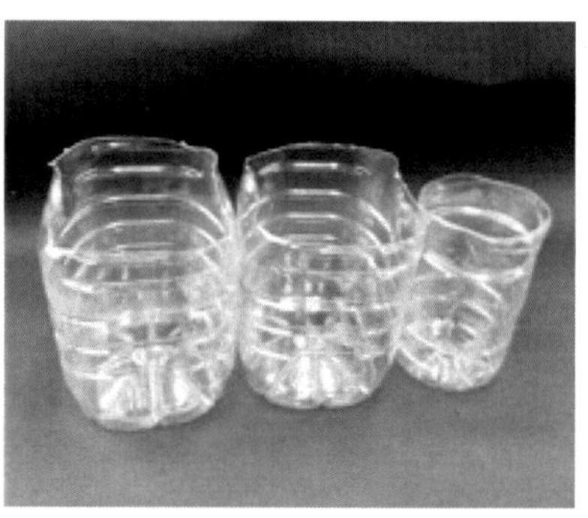

用意する物・材料について

・カッターナイフ
・ライター
・接着剤

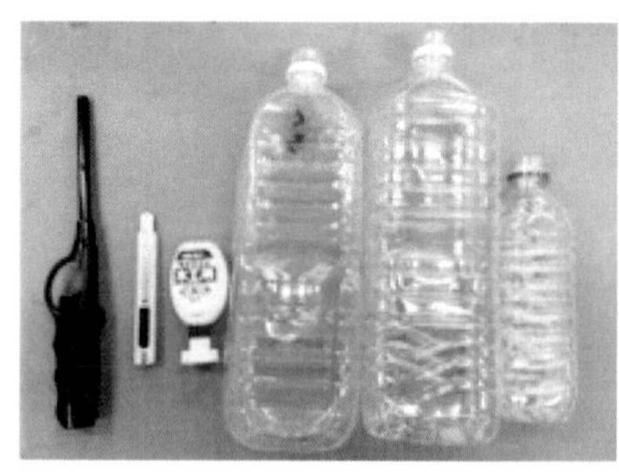

準備

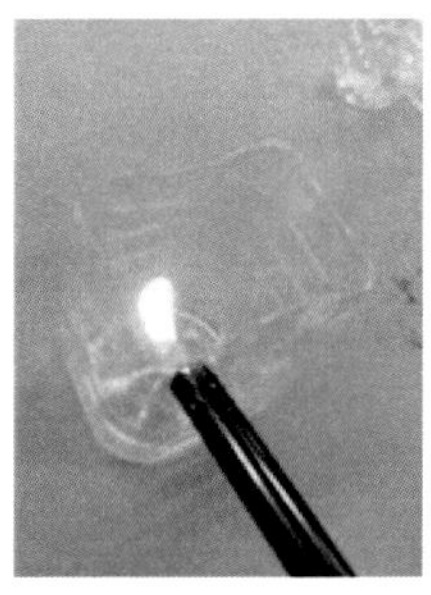

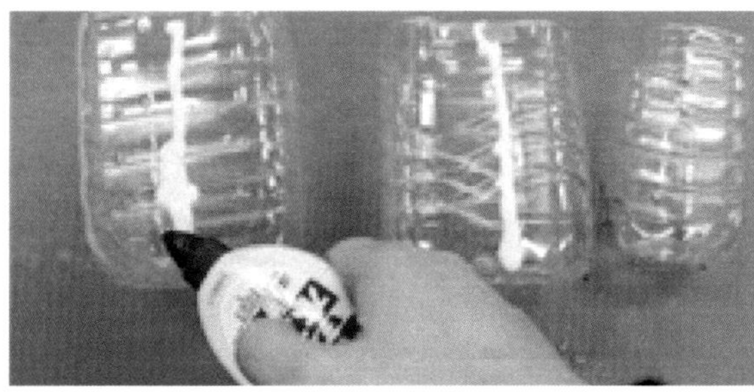

・２リットルのペットボトルを適当な高さで切ります（２つ）。
・500 ミリℓのペットボトルを適当な高さで切ります（１つ）。
・ペットボトルの切り口をライターなどであぶり、バリをなくします。
・横に並べて接着します。

使い方・実践例

①バケツの使用方法を学習します。
　・利き手に近いほうに大きなバケツが来るように置きます。
　・利き手に近いほうから「洗浄用１」「洗浄用２」「絵の具を溶かす用」とします。
　・筆を洗浄する際は、必ず「洗浄用１」から筆を入れるようにします。

②使い方を覚えたら、筆が洗えているか、水替えの必要はないか確認しながら使用します。

♪こんなお子さんの学習にも使えます♪

・パレットや筆洗器が鈍い色でいっぱいの児童生徒、混色していると筆についた不要な色まで混ざってしまう児童生徒、大雑把な筆洗ですましている児童生徒にも適しています。
・混色や色を変える際に何度も使用する筆洗器に注目しました。水彩絵の具は小学生の中学年から本格的に使用し始めますが、手順や作業がたくさんあり、使いこなすにはいくつかの複雑な要素を同時に処理していく能力が求められます。
・水彩絵の具の入門期にもお勧めです。

図工・美術、技術・家庭②

作品を固定してヤスリがけが容易にできる

ヤスリがけ固定台

対　象	●木工製品や作品を押さえてヤスリがけをするのが困難な児童生徒 ●両腕の動きが未発達の児童生徒
ねらい	◎主に、立体製品や立体作品をヤスリがけするために固定することができる。 ○製品や作品を押さえることに気をとらわれずに、利き手や両手でヤスリ（紙ヤスリや電動サンダー）を持ち、磨くことができる。
提　供	桐が丘特別支援学校　夏目 保男 （前・大塚特別支援学校）

教材の特徴

・トグルクランプを用いると、製品などを簡単に着脱でき、かつ段差を付けることにより、確実に固定できます。

・固定台の向きを変えたり、台に取り付ける箇所を変えたりすることで、ヤスリをかけたい面を自分が作業しやすいように向けることができます。

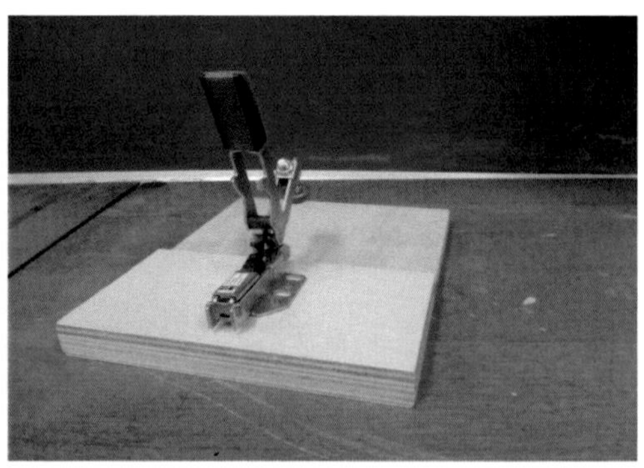

用意する物・材料について

・下面押さえ・ハンドル立型クランプ（トグルクランプ）

使い方・実践例

①固定台の上に、磨きたい面が上にくるように製品または作品を置き、トグルクランプを締めて固定します。その際、板の厚さに応じて調節ができます。

②磨きたい面にヤスリをかけます。向きを変えたい場合は、固定台を回転させます。また、磨きたい面を変えたい場合には、一度トグルクランプを外して、改めて磨きたい面が上にくるようにし、締めて固定します。

♪こんなお子さんの学習にも使えます♪

・手指に不自由がなくても、押さえる力が弱かったり、磨きの質の向上を目指したりする児童生徒にも、ヤスリがけに集中して取り組むことができます。

図工・美術、技術・家庭③

布端に折り目をつけることができる
クリップ型 アイロン

対　象	●アイロンが重くて持てない・持ち手を握ることができない児童生徒 ●手指にまひや不自由がある児童生徒
ねらい	◎弱い力でも布端に折り目を付けられる。 ○安全にアイロンを扱うことができる。 ○主体的に製作等に取り組むことができる。
提　供	桐が丘特別支援学校　青山 妙子

教材の特徴

- 被服製作等の実習の際には､布端を折る作業があります。折り目をつけるには、指に力をこめて折るか、アイロンをかけますが、肢体不自由の児童生徒の場合、それらが難しいことがあります。
- このアイロンは、持ちあげることなく、布を挟んで押さえるだけで、布端に折り目をつけることができます。
- 加熱部分が露出していないので、一般のアイロンに比べやけどしにくい構造になっています。

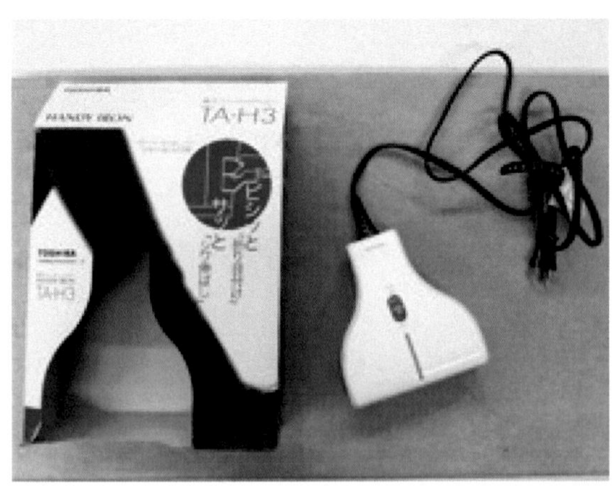

用意する物・材料について

・商品名「ハンディアイロン TA-H3」：東芝ライフスタイル株式会社
※ズボンやスカートなどの折り目をプレスするためのコンパクトなアイロンです。
他社にも類似した製品があります。

使い方・実践例

①アイロンの電源プラグをコンセントに差し込み、スイッチを「ON」にします。
ランプが消えたら使用開始します。
②折り目をつけたい布を挟んで、手で上から押さえます。
③折り目がついたら、布（またはアイロン）を横にずらします。
④②～③を繰り返します。
※布端の折り目は、まち針などでとめておくとズレません。

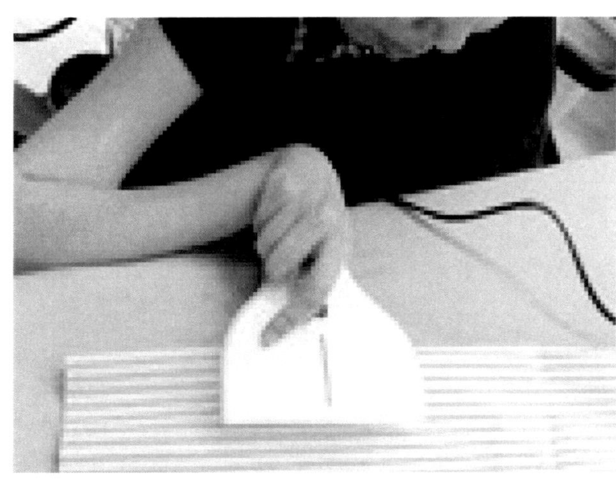

※手にまひがあったり、力が入りにくい子どもでもらくに作業ができるスグレものです。

♪こんなお子さんの学習にも使えます♪

・サポートが必要な児童生徒が、集団での学習に参加する際に、教員が常に傍にいることが難しい場合にも、一人でも比較的安全に使用できると考えます。

図工・美術、技術・家庭④

ミシンを自在に使い、始めから最後まで自分で縫える

ミシンのガイド

対　象	●視覚障害のある児童生徒
ねらい	◎ミシンの安全な操作技術を習得する。 ○裁縫でのものづくりを、家庭生活に活かす姿勢を身につける。
提　供	視覚特別支援学校　宮崎 佳子

教材の特徴

・一般的なミシンに、簡単なガイド（目印）を付けることで、視覚的な確認だけでなく手で触っての確認ができ、自分で自在にミシンを操作できます。

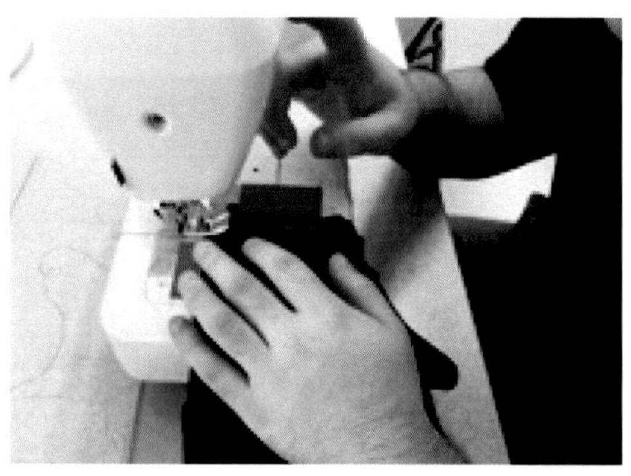

用意する物・材料について

〈ガイドの道具〉

・マグネットシート（赤）幅 3cm 程度、長さ 4cm 程度（切って使えます）

※色は、弱視の生徒の見えやすい色を選びます。２枚重ねて厚みを出すと、手で布端を合わせやすくなります。

・テグス 2 ～ 4cm 程度(釣り用の太めのものを使うと、布の上から触って確認しやすい)

・セロテープ（マグネットやテグスをその都度貼り付けるため）

・黒色の木材（ミシン台用）

※黒色の木材は、台面に光の反射がしづらく、まぶしさを少なくすることができるため、ミシンのガイドとの併用がお勧めです。

使い方・実践例

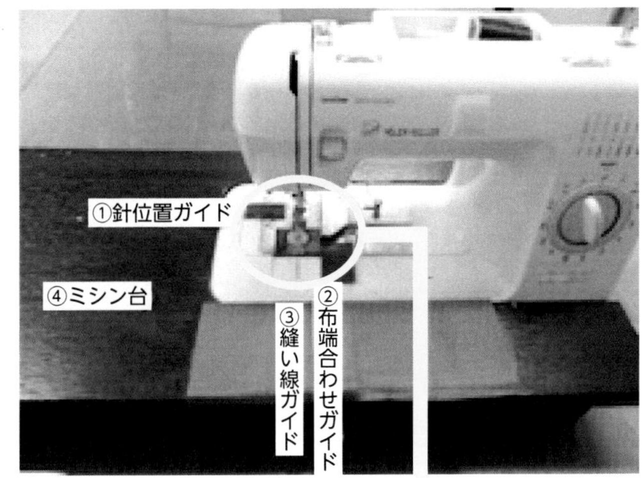

①針位置ガイド
- 縫い線に垂直に針位置線を確認するもの。
- 縫い始め、縫い終わりを確認するために使います。

②布端合わせガイド
（縫い線に平行なガイド）
- 布端を合わせることにより、ガイドから一定の長さ離れた線を縫うことができます。

拡大すると

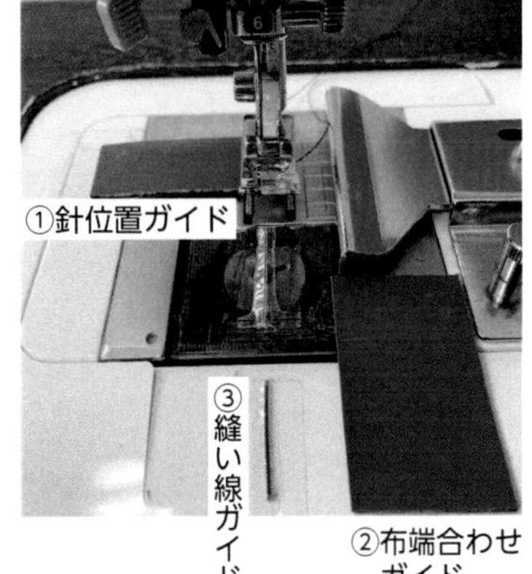

③縫い線ガイド
- 針位置の延長線で、縫い目になるところを示します。太い釣り用テグスをセロテープでまっすぐに貼ってあります。布の上から触ってどこが縫えるかが分かるためのガイドです。

④ミシン台（黒）※ミシンのガイドとの併用がお勧めです
- 一般的なミシンはコンパクト化が進みミシン台の部分が狭いので台を広くするために作ってあります。木材を用いてミシンのサイズに設計し、黒い背景の方が見やすいという要望にも応えています（上の写真を参照）。

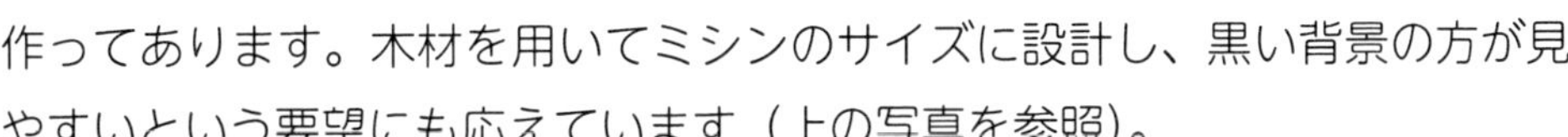

- ミシン台が広いことで、布端合わせガイドが長くつけられること、大きな作品でも台から落ちず、縫うべき位置が分かりやすいことが利点です。

♪こんなお子さんの学習にも使えます♪

- 布端合わせガイドは、ガイド線と布端を合わせるだけでよいのでガイドを長くしておくと、「ミシン針が近くて怖い！」と感じている生徒にも使うことができます。

終わりに

筑波大学附属特別支援学校５校の協働による「教材・指導法データベース」は、2012年に取り組みを開始しました。これまでの間、WEBページを開設し、各附属学校から寄せられたコンテンツを随時アップしながら、閲覧者が活用しやすい工夫として、検索方法の改善をはじめ、指導案や指導場面の動画を付けたり、海外の教育関係者にも活用してもらうことを想定して英訳版を追加したりしながら、徐々に育て上げてきたものです。

障害教育関係のデータベースは、これまでも様々な機関や種々の分野で、教材・教具や教員研修などのコンテンツを中心に数多く作られています。しかし、その存在を知られない限りは活用してもらうことができません。その意味では、私たちの「教材・指導法データベース」が、この度、一部のコンテンツのみとはいえ書籍化されて、より広く認知される機会を得ることができたことを心より感謝いたします。また、これを機に、今まで以上にデータベースが活用されることを期待しています。

ただし、ここに取り上げた教材及び指導法は、そのまま使用しても全ての子どもたちに有効とは限りません。まずは、適用の対象となる子どもたち一人一人の実態を正確に分析し、その子に指導すべきことが何であるのかを明確にし、何を理解させるためにこの教材を使うのか、どうしてこの指導法を用いるのかなどの点を常に考えながら活用していただきたいと思います。また、例えば聴覚障害の現場で開発された教材や指導法が別の障害種の子どもたちに有効な可能性もありますので、対象の子どもの障害種にこだわらず、他の障害種で開発された教材や指導法も積極的に活用してほしいと考えています。なお、ここにご紹介したコンテンツを実際に使用した方々には、その効果や改善点などに関する忌憚のないご意見も頂戴できれば幸いです。

私たちの「教材･指導法データベース」は、これからもコンテンツを増やしつつ内容のブラッシュアップを図りながら、引き続き進化させていきたいと思っています。併せて、本書をシリーズ化して発行することで、引き続きデータベースの存在を広く広報してまいりたいと考えております。本書が、これからの障害児教育に携わる全国の特別支援学校の先生方の実践の充実と、専門性の向上に寄与できればこんなに嬉しいことはありません。

最後に、日頃より教材・指導法のコンテンツの開発にご尽力いただいている各附属特別支援学校の先生方、本書の発刊に当たりご尽力いただいた（株）ジアース教育新社の皆様に厚く御礼申し上げます。

2020（令和２）年３月吉日

筑波大学附属学校教育局

教授・教育長補佐　雷坂　浩之

執筆者一覧（現職・前職の順で五十音順）・所在地

筑波大学特別支援教育連携推進グループ

厚谷 秀宏（附属大塚特別支援学校）
稲本 純子（附属久里浜特別支援学校）
加藤 隆芳（附属桐が丘特別支援学校） 編集主幹
鎌田 ルリ子（附属聴覚特別支援学校）
佐藤 北斗（附属視覚特別支援学校）

〒112-0012 東京都文京区大塚3-29-1 筑波大学東京キャンパス

附属視覚特別支援学校

内田 智也　岸本 有紀　佐藤 優子　中村 里津子　原田 清生　宮崎 佳子
山口 崇　山田 毅　浜田 志津子（前・教諭） 宮﨑 善郎（現・岡山大学教育学部）

〒112-0015 東京都文京区目白台3-27-6

附属聴覚特別支援学校

佐坂 佳晃　眞田 進夫　柴﨑 功士　天神林 吉寛　廣瀬 由美
藻利 國恵（前・教諭）

〒272-0827 千葉県市川市国府台2-2-1

附属大塚特別支援学校

若井 広太郎　工藤 傑史（現・東京福祉大学社会福祉学部）
夏目 保男（現・附属桐が丘特別支援学校）

〒112-0003 東京都文京区春日1-5-5

附属桐が丘特別支援学校

青山 妙子　池田 仁　石田 周子　佐々木 高一　杉林 寛仁　鈴木 泉
高橋 佳菜子　谷川 裕子　田丸 秋穂　田村 裕子　畠山 綾香　原 怜子
村主 光子　山浦 和久

〒173-0037 東京都板橋区小茂根2-1-12

附属久里浜特別支援学校

工藤 久美　髙尾 政代

〒239-0841 神奈川県横須賀市野比5-1-2

附属学校教育局

雷坂 浩之

〒112-0012 東京都文京区大塚3-29-1 筑波大学東京キャンパス

人間系障害科学域

左藤 敦子　四日市 章（名誉教授）

〒305-8577 茨城県つくば市天王台1-1-1

筑波大学特別支援教育連携推進グループ

〒112-0012　東京都文京区大塚 3-29-1
筑波大学東京キャンパス文京校舎 479
TEL 03-3942-6923　FAX 03-3942-6938
URL：http://www.gakko.otsuka.tsukuba.ac.jp/snerc/
E-mail：snerc@gakko.otsuka.tsukuba.ac.jp

※ QR コードを読み込んだときに、教材・指導法データベースのトップページが表示された場合は、ページの下にある「上記に同意して利用する」ボタンをクリックしてください。詳細ページをご覧いただけるようになります。

表紙／本文デザイン　小林 峰子（アトリエ・ポケット）
イラスト　岡村 治栄

筑波大学 特別支援教育 教材・指導法データベース選集 1
授業を豊かにする
筑波大附属特別支援学校の教材知恵袋
教科編

2020 年 3 月 22 日　初版第 1 刷発行
2024 年 3 月 3 日　オンデマンド版

編　著　筑波大学特別支援教育連携推進グループ
発行者　加藤勝博
発行所　株式会社 ジアース教育新社
〒101-0054　東京都千代田区神田錦町 1－23 宗保第 2 ビル
TEL 03－5282－7183　FAX 03－5282－7892
Mail info@kyoikushinsha.co.jp
URL https://www.kyoikushinsha.co.jp/

印刷　シナノ印刷株式会社　ISBN978-4-86371-531-8

定価はカバーに表示してあります。
乱丁・落丁本は送料小社負担でお取り替えいたします。